## ELOGIOS PARA T
## LAS RAMAS M

TU VIDA DESDE LAS RAMAS MÁS ALTAS es una oportunidad para redescubrir el gozo y la pasión de tu juventud tomando acción valiente ahora para transformar tu vida y el mundo a tu alrededor.

—Brad Blanton, Ph.D., Autor del best seller *Radical Honesty*

"Michael Strasner es una de las personas más generoso y perspicaz que he conocido. Su coaching y mentoría me han llevado a un crecimiento exponencial en mi vida. La profundidad de su inteligencia humana es un regalo extraordinario, y él lo usa para empoderar e inspirar a la gente a vivir en sus más altos niveles de excelencia. Si eres lo suficientemente afortunado para aprender de Michael, tu vida nunca será la misma. TU VIDA DESDE LAS RAMAS MÁS ALTAS es un libro que hay que leer."

—Quddus Philippe, Anfitrión de TV (MTV, NBC, ABC, CBS)

"Yo he visto a Michael en acción y comparo su estilo único y energía infecciosa a la del gurú motivacional Tony Robbins. TU VIDA DESDE LAS RAMAS MÁS ALTAS aumentará la confianzo de los que estén comprometidos a producir mayores resultados en sus vidas. Este libro ayudará a mucha gente a romper con sus creencias limitantes."

—María Marín, Autora de best seller, Personalidad de la TV y la Radio, Nombrada una de las 25 Más Influyentes Latinas por la Revista *People en Español*

"Michael Strasner es la persona que me entrenó, desarrolló y mentoreó para poder estar donde estoy en mi vida. Visionario, amoroso, apasionado, y comprometido son sólo unas cuantas palabras para describir a Michael. Es el Coach/Entrenador más extraordinario y usa sus 30 años de experiencia para descubrir el potencial de las personas y señalarles exactamente qué los detiene de vivir sus vidas al máximo. Todos deberían leer el libro de Michael Strasner, TU VIDA DESDE LAS RAMAS MÁS ALTAS."

—Chris Lee, Entrenador Transformacional, Socio, Empresario

"Michael es uno de los líderes de la transformación más poderosos que he conocido. Mientras más grande nuestros sueños y metas, mayor es la posibilidad de enfrentar la adversidad. Si quieres llevar tus relaciones, salud, y poder personal al siguiente nivel, entonces no busques más allá que de Michael Strasner y Las Ramas Más Altas."

—Lewis Howes, Autor bestselling del New York Times, Empresario y Anfitrión del podcast *School of Greatness*.

# TU VIDA DESDE LAS RAMAS MÁS ALTAS

## Cinco Herramientas para Crear Poder, Libertad y una Vida que Valga la Pena Vivir

Michael Strasner

Publicado por Direct Impact Publishing

ISBN—13: 978-0692784983
ISBN—10: 0692784985

Para mi esposa, Hillary, y nuestros hijos,
Nicholas, Savannah, Andrew, Haley and Conner

## FREE BONUS MATERIALS

Para bajar tu plan estratégico personal (PSP) del *newsletter* de Tu Vida Desde Las Ramas Más Altas, y mucho más, regístrate en www.michaelstrasner.com/bonus

# RECONOCIMIENTOS

ESTE LIBRO NO EXISTIRÍA sin mi esposa, amada guerrera, y musa, Hillary, y nuestros hijos e hijas, Nicholas, Savannah, Andrew, Haley y Conner. Los amo a todos con todo mi corazón.

A mi mamá, papá, Larry, Danielle, Candide, Andy, y Missy—gracias. Gracias especiales para Andy por tu increíble apoyo técnico, y a Larry por tu incesante búsqueda de ideas en la vida.

Menciones honorables para Kevin, Jay, y Danielle por su invaluable contribución a mi personalmente, y por su apoyo mientras yo escribía y editaba mi libro. A Chris, por ser mi amigo y socio en la transformación.

Gracias adicionales para Jim, Buffalo, Cape Cod, B-52's, U2, Wellesley College, los Cobras, Kristi M, Putterham Meadows, Brookline, Red Sox Nation 2004, Father Joe (Senior), George, Eddie, Doug, Beth Joan Z, Hildi, Jack, Beattie, JPH, Ivette, al equipo de Lifespring Florida (Sandy, Dania, LisaK, Julie, Mackey, Bobby y muchos más), 200/100/FULL, al equipo de Impacto Vital Puerto Rico (nuestra socia Ivette, Ernesto, Karla, Sarita, Frances, y muchos otros), Puerto Rico Visión 1—Visión 106, Impacto Vital Méjico, Ely, todos los graduados de PHD a nivel mundial, MITT (Margo, Roger, Jimmy, Jaaculyn y muchos otros), Espacio Vital (Perla, Lupita y muchos otros), WE Liderazgo, Nacho, 4-MAR (Alberto, Jesús y muchos otros), M3 (Bernie, Stacy y otros)—la lista continúa.

Lisa, gracias por traer a Nicholas y a Savannah a este mundo y darles todo tu ser.

A los miles de estudiantes que he coacheado y entrenado a través de los últimos 30 años, es y ha sido un honor y privilegio trabajar con ustedes en la creación de su visión, sueños y resultados extraordinarios. Yo creo que he aprendido tanto de ustedes como ustedes de mí, y continuaré mi misión de crear el mundo que todos envisionamos.

# CONTENIDO

# INTRODUCCIÓN

TAL VEZ TE ESTÉS PREGUNTANDO qué significa vivir la vida Desde Las Ramas Más Altas exactamente. Yo lo defino como crear la pasión, valentía, seguridad y fortaleza necesarias para convertir tus sueños más profundos en una realidad observable—transformar tu vida transformando cómo te ves y te experimentas a ti mismo, cómo ves y experimentas el mundo, y por último, cómo el mundo te ve y te experimenta a ti. Para que esto ocurra, necesitas aprender a aprovechar, redirigir y transformar lo siguiente: la energía negativa de experiencias pasadas, tus miedos e inseguridades, las limitaciones reales y las percibidas, tendencias de supervivencia, la necesidad de tener la razón, y la resistencia a abandonar el control. El resultado que tendrá eventualmente este proceso es que mejorarás de manera significativa tu capacidad de *crear*, de vivir conscientemente en vez de vivir como un observador o crítico de lo que otros han creado a tu alrededor—o, tal vez, a pesar de ti. Aprendes a descubrir oportunidades nuevas para dar en formas únicas y poderosas; a no solamente tener una visión sino ser vulnerable a esa visión de manera que aquellos a tu alrededor quedarán inesperadamente, y a veces permanentemente, inspirados. Este libro está diseñado para encender una nueva chispa dentro de ti, para moverte hacia lugares donde seguramente no has ido antes, y para inspirarte a enamorarte de lo desconocido. En resumen, Tu Vida Desde Las Ramas Más Altas realmente se trata de crear una vida que valga la pena vivir.

Aunque la metáfora de las Las Ramas Más Altas puede que tenga una variedad de interpretaciones para cada lector, este libro no es meramente conceptual. Las ideas descritas aquí se pueden aplicar a acciones específicas dentro de cada una de las áreas de tu vida—personal, profesional y social. Gente de todos ámbitos y etapas en la vida pueden beneficiarse de las ideas y técnicas presentadas en los próximos capítulos.

Antes que nada, este libro es para gente que se auto-identifica y que son identificados por otros como *exitosos* de una manera reconocible: gente que "hace que las cosas sucedan," movedores y sacudidores, innovadores, generadores de negocios, empresarios, así como para quien esté conscientemente buscando un propósito de vida más profundo, comprometido a producir mayores resultados, y decidido a contribuir a la sociedad de manera significativa. Tal vez estás buscando una manera más efectiva de empoderar y mejorar las relaciones más importantes en tu vida. Tal vez te gustaría convertirte en la clase de líder que no sólo inspira a otros, sino que también desarrolla y crea liderazgo en ellos mismos. O tal vez estás buscando la mejor manera de encender tu propia chispa e ímpetu, y experimentar renovada claridad y convicción sobre tus metas personales más desafiantes.

Este libro es para aquellos profesionales con hambre de aprender y que están buscando obtener una ventaja. Tal vez recibiste una excelente educación, adquiriste los grados apropiados, hiciste suficiente dinero para vivir cómodamente, y lograste todas las cosas tangibles que nuestra sociedad dice que traen éxito y felicidad, pero todavía falta algo—algo que todavía no puedes señalar—y no estás seguro por qué. Si estás siendo honesto contigo mismo, estás pensando, *"Si esto es todo lo que se supone sea la vida, no es lo que yo esperaba."* Tu estás seguro que debe haber algo más significativo todavía por experimentar y algo más significativo aún para lograr en tu vida.

Los jóvenes estudiantes universitarios se beneficiarían grandemente de leer este libro, ya que los mismos están apasionadamente comprometidos a alcanzar y vivir sus sueños sin limitaciones, sean auto-impuestas o no. Es para todo aquél que no esté satisfecho con el *status quo*, con las restricciones impuestas por sus padres, o con seguir el camino que otras personas o instituciones bien intencionadas han creado para ellos. Tal vez quieres experimentar el precioso estado natural de ser joven, vivo, y de realmente ser tú mismo. Convertirte en alguien que toma decisiones que reflejan quién eres y lo que quieres. Quieres transformar tu vida en un ejemplo de lo que es posible para otros y crear una vida extraordinaria que desafíe la tendencia humana de ser perezoso y desmotivado, la tendencia de conformarte con la mediocridad.

También podrías ser alguien que está luchando en un área específica de la vida: con tu negocio o carrera, con tus relaciones, con tu salud, con abundancia financiera, con consciencia espiritual, o con activismo comunitario. Tal vez todavía no has podido resolver un asunto persistente o recurrente—un problema o fallo—no importa lo que haces. Tal vez te gustaría conectar o reconectar con un familiar olvidado pero no sabes cómo ni dónde comenzar. O tal vez te diste cuenta que hay puntos ciegos en tu visión de vida, y estás interesado en ver el mundo desde una perspectiva nueva poniéndote otro tipo de lentes.

Este libro es para esa abuela que ha tenido toda la vida el sueño de ser una escritora pero nunca lo ha intentado. Tal vez pensaste que no eras lo suficiente. Tal vez pensaste que a nadie le importaría lo que tú tienes que decir. O tal vez pasaste toda tu vida cuidando de los demás y siempre creíste que sacar tiempo para ti no era tan importante como sacar tiempo para otros—hasta ahora.

Quien quiera que seas—seas joven o mayor, un empresario con un negocio establecido o alguien que apenas está empezando—si tienes un propósito y visión en la vida y estás comprometido a verlo manifestado, entonces este libro puede ser el trampolín que te apoyará y guiará hacia lugares a los que nunca antes habías ido. Podría proveerte la inspiración, la claridad, y la valentía para salir y vivir en Las Ramas Más Altas de tu vida en formas que nunca antes habías imaginado. Te enseñará los pasos a tomar en lo que te aventuras, así como lecciones tales como auto corregir y levantarte cuando te caigas, cómo aprender de tus experiencias y seguir avanzando con un creciente sentido de propósito. Estos pasos no necesariamente requieren que hagas algo que produzca miedo, como lanzarte de un avión o caminar sobre fuego. Tampoco necesariamente requieren que te lances a lograr algo sin precedentes, como crear una compañía multimillonaria de la nada. Si bien estos son ejemplos de grandes logros en Las Ramas Más Altas, también puedes experimentar significativos niveles de pasión, coraje, y confianza meramente haciendo cosas sencillas en tu vida diaria, como expresándote honestamente en tus relaciones, contribuyendo tu tiempo a una organización sin fines de lucro o en la escuela de tu hijo/hija, inclusive simplemente tomando un momento para conectar con la persona que te sirve el café en las mañanas. El significado de vivir en Las Ramas Más Altas consiste en perspectivas.

Por ejemplo, mi hermano Larry vive una vida rica. Él no es rico por lo que gana o su ingreso neto. Su real valor es primeramente una función de *quien* es él y no lo *que* él tiene. La calidad de sus relaciones con su esposa e hijos, con sus hermanos y amigos, y con la gente en general, es extraordinaria. Larry siempre saca el tiempo para estar completamente presente, en corazón, mente, cuerpo, y espíritu, con quien sea que esté en un momento dado. Él literalmente se quitaría su camisa para dársela a un extraño. Exude bondad y compasión y su genuina expresión de interés hacia otros lo hacen un excepcional ejemplo para su cinco hijos y todos sus amigos. Cualquiera que lo conozca diría que como padre, Larry está profundamente conectado y comprometido con cada uno de sus hijos. Su versión de vivir Desde Las Ramas Más Altas es ser consistente con estos comportamientos aún si otros a su alrededor no lo son, o cuando otros piensan que su comportamiento es raro o innecesario. Larry crea una vida que vale la pena vivir a través de las formas incondicionales en las que trata a todas las personas, independientemente de las diferencias. Es su forma de *ser*, no sus posesiones, lo que lo hace abundante sin medidas, y ésta es la vida que Larry siempre soñó que crearía para sí mismo. Es exactamente quien él quiere ser—honesto consigo mismo, independientemente de lo que otros puedan decir.

Mi hermana Danielle también vive una vida rica. Como la mayoría de los maestros, ella está enormemente mal pagada y a veces menospreciada, pero eso no la impide de crear una vida genuinamente rica. Danielle es simplemente maravillosa en lo que hace. Ella ama a cada uno de sus estudiantes. Está haciendo una diferencia significativa y permanente en sus vidas, lo cual nunca será suficientemente apreciado ni por ella ni por otros. Para ella, vivir en Las Ramas Más Altas consiste en crear resultados extraordinarios *a través de otros* de manera consciente—resultados que seguramente no se realizarán en su totalidad por muchos años aún. Para algunos, el trabajo de Danielle como maestra podría no parecer algo especial. Para ella, es exactamente donde ella quiere estar y con *quien* quiere estar, y se refleja en la *forma* en que hace su trabajo. Se refleja en la manera en que se relaciona con los estudiantes y sus padres, con sus compañeros educadores, y con cada miembro de su comunidad. Ella no es una maestra promedio u ordinaria. Es una líder humilde y sencilla, y un perfecto ejemplo de lo que significa crear una vida que vale la pena vivir.

Ahora, ¿qué significa para ti una vida que vale la pena vivir? ¿Cuál es tu visión para tu vida? ¿Cuál es el verdadero propósito de tu vida? Aparte de tu rutina diaria, ¿qué es lo que profundamente te importa? ¿Qué es lo que siempre has querido experimentar aunque continuamente te elude? ¿Cuáles son los resultados tangibles y específicos que siempre has querido lograr pero que han estado fuera de tu alcance? ¿Cómo se vería para ti la vida Desde Las Ramas Más Altas, y qué va a requerir para que completamente te lances por ello? ¿Cuáles son los pasos que no has estado dispuesto a tomar hasta ahora? Y más importante aún, *¿qué has estado esperando?* La vida no es un ensayo. La vida es ahora. La vida está ocurriendo a nuestro alrededor y sólo en este momento.

Durante casi tres décadas, he trabajado con personas para ayudarlas a responder estas preguntas por sí mismos. He pasado mi entera vida adulta entrenando y coacheando gente, ayudándolos a cambiar sus actitudes, creencias, hábitos y formas de ser limitantes, para poder crear las visiones más importantes para sus vidas. Los he estado ayudando a reinventar y transformar sus estrategias para que puedan realizar esas visiones, y por último, he entrenado y coacheado cientos de miles de personas, tanto en grupos grandes como en sesiones individuales, con la consciencia de que todos esperamos que nuestras vidas sean tan buenas o mejores que las que vivieron nuestros padres. Igualmente, todos queremos que algún día nuestros hijos evolucionen más y resulten mejor que nosotros. Mediante un proceso comprometido y riguroso de ejercicios y experiencias, mis estudiantes y clientes realizan una renovada y genuina visión para sus vidas y están empoderados a cambiar lo que sea necesario para lograrlo. Algunos de los ingredientes esenciales en esta fórmula se derivan de poderosas lecciones y experiencias que he aprendido a través del rediseño de mis propias acciones y comportamientos. Adicionalmente, a través del extenso trabajo en desarrollarme como entrenador y coach transformacional, mi intención es transmitirle y facilitar este proceso al máximo número de personas posible.

A menudo, los estudiantes llegan a las sesiones de entrenamiento en uno de dos estados mentales. O piensan que ya lo saben todo, o por el contrario, creen que ellos no importan, que no son dignos, o que simplemente no podrán cambiar sus vidas no importa lo que hagan. Una vez que completan los varios procesos en los que los guío, ellos alcanzan niveles de consciencia y empoderamiento totalmente nuevos. Entienden y creen en sí mismos en formas que no habían hecho antes. Desarrollan una nueva actitud y perspectiva de la vida misma y de su capacidad dentro de esa vida. Salen diciendo cosas que nunca habían dicho antes con una convicción real: "Yo puedo hacer lo que sea que me proponga. Yo soy poderoso o poderosa. Ahora sé por qué estoy aquí. Soy más grande que cualquier reto o circunstancia en la vida." Entonces, se van y crean resultados extraordinarios en su mundo diario. He aquí un ejemplo común de esta transformación: A menudo, hay personas que asisten a mis entrenamientos que revelan que aunque han estado casados por veinte años o más, se han mantenido con su pareja solamente por un sentido de deber y obligación. Siguen casados porque dijeron en la ceremonia, "Hasta que la muerte nos separe," y ahora están luchando con el miedo de lo que sus familiares y amigos podrían pensar de ellos si rompen ese voto. Lo que está faltando es la experiencia de estar "enamorado", estar en sociedad de admiración y respeto. Yo trabajo con estas parejas para romper con sus formas de pensar pasadas y anticuadas, para dejar ir el pasado, y cambiar la caracterización que tiene uno del otro. En el proceso, ellos aprenden cómo identificar y liberarse de sus interpretaciones negativas y creencias fijas. Aprenden cómo interrumpir patrones de comportamiento no saludables y que desgarran el tejido de confianza e intimidad de su relación. Este trabajo les permite verse uno al otro a través de un nuevo par de ojos, y de empezar desde cero, inventando una nueva visión y propósito de estar juntos expresada a través de entendimiento y perdón—así como mayor amor, pasión, y gozo.

Este libro contiene muchas de estas historias de profunda transformación de gente real proveniente de todos los caminos de vida—gente de diferentes edades, historias, e influencias culturales, diferentes niveles de educación y situación socioeconómica, diferentes creencias fundamentales religiosas, políticas, y sobre la sociedad en general—gente que en la superficie parecen tener muy poco en común excepto que todos poseen una visón de crear una vida feliz, saludable y plena.

Yo ciertamente entiendo lo que significa tener una visión así. Mi experiencia de vida puede ser única para mí, pero su esencia y propósito no son muy diferentes que los tuyos. En la primera parte de este libro compartiré mi historia, incluyendo los eventos y experiencias que eventualmente me llevaron a encontrar el camino hacia mis propias Ramas Más Altas, y describiré cómo esas experiencias iniciaron una jornada de tres décadas de pararme ante 100,000 personas para transformar la calidad de sus vidas. Todo lo que le sigue al primer capítulo está organizado como una guía, parecido a cómo un coach profesional guiaría a un cliente. Después de establecer un contexto de transformación personal a través de mi propia jornada, elaboraré en gran detalle sobre cinco técnicas para vivir Desde Las Ramas Más Altas, lo cual te guiará a crear tu propia versión de una vida que vale la pena vivir. Estas herramientas incluyen una mezcla única de inspiración y practicidad—nuevas acciones significativas a tomar y las razones indiscutibles para tomarlas. Estas llaves podrían y deberían ser absorbidas a tu propio ritmo con tiempo incluido para la práctica, prueba y error, y ajustes, y la experiencia duradera que viene con cada nuevo éxito. Piensa en este proceso de lectura como un maratón compuesto de muchas carreras cortas individuales. Experimentarás momentos cuando querrás actuar urgentemente ante una idea, y otros momentos que preferirás reservar para una serena auto-reflexión. Una de mis citas favoritas viene del físico teórico Albert Einstein: "La vida es un regalo. Aceptarlo requiere que contribuyamos. Cuando fallamos en contribuir, fallamos en adecuadamente responder el porqué estamos aquí."

¿Así que por qué estamos aquí? ¿Cuál es nuestro propósito en la vida? ¿Es nuestro propósito hacer exactamente lo que se nos pide? ¿Adaptarse a y seguir a la manada? ¿Seguir las rutinas automáticamente, actuando y reaccionando sin pensar? ¿Simplemente existir? No creo. Yo creo que nuestro propósito en la vida realmente empieza cuando descubrimos cuál es nuestro propósito. Entonces manifestamos este propósito buscando formas de tener un efecto positivo y un impacto permanente en otros— nuestra familia, colegas, y comunidad. Pero todo esto es teórico hasta que creamos nuestra visión logrando nuevas experiencias y produciendo resultados sin precedentes, lo cual requiere algo más que simples pensamientos e ideas.

Al leer este libro, descubrirás el poder transformacional de la *declaración*. Vas a aprender como creer en ti en nuevas formas, así como creer en tu capacidad para crear resultados consistentes con tu propósito real. Una parte de hacer una declaración es decir, en voz alta, qué es lo que queremos causar. Cuando no compartimos nuestras metas en voz alta, no tenemos a quien rendirle cuenta para lograrlas. Si no las decimos en voz alta, no estamos realmente "arriesgando." Declarar una meta o misión en voz alta incluye un riesgo inherente porque invita la posibilidad de fracasar. Al aplicar las practicas presentadas a través de esta jornada, aprenderás a superar tus miedos. No sólo aprenderás que es posible transformar tu relación con el miedo, sino que la experiencia en sí podría ser mágica. El primer paso es reconocer que el miedo es a menudo una conversación que estás teniendo *contigo* mismo, *sobre* ti mismo, en relación a los eventos y circunstancias en el mundo a tu alrededor. Es a menudo una interpretación de algo que lleva a una respuesta emocional y/o a una experiencia quinestésica. Con algunas excepciones (por ejemplo, un tigre acaba de aparecer y podría tener hambre), usualmente el miedo no es real y rara vez basado en hechos. Pero inclusive si te encontraras con un tigre, cada persona respondería a la situación de una forma diferente porque cada uno tiene una *relación* individual con su miedo. La palabra miedo en inglés, FEAR, puede ser interpretado como un acrónimo de Falsa Evidencia Aparentemente Real. No tiene poder real excepto el poder que tú le das. Cuando perdemos de vista nuestro propósito y lo que anhelamos en la vida, podemos fácilmente convertirnos en marionetas de nuestros miedos, que sólo impiden nuestra habilidad de manifestar nuestro propósito.

Este libro también te dará la oportunidad de descubrir lo que realmente es importante para ti—eso que está bajo la superficie. Aprenderás a diseñar tu visión de todo y cualquier cosa relacionada con lo que realmente es importante para ti, y podrás traer esa visión a la vida si la declaras en voz alta. Muchos de nosotros tenemos sueños que nos guardamos para nosotros mismos, sueños que sólo nos atrevemos a imaginar antes de dormir o cuando nos levantamos. Pensamos dentro de nosotros mismos lo que realmente queremos, sobre cómo la vida podría ser diferente, sobre cómo podría ser mejor, pero guardamos esos sueños y esperanzas en silencio. No los compartimos con nadie. Al leer este libro, aprenderás a compartir tus visiones más profundas, y en el proceso, instintivamente expandirlas—moldeándolas y dándoles vida. Aprenderás lo que es realmente vivir guiado por una visión.

Si realmente le pones atención a lo que la gente está hablando cuando están pasando un rato en Starbucks o durante un *happy hour* después de un día de trabajo, los escucharás a menudo discutiendo sobre lo que está mal en sus vidas—a quién culpar por sus problemas, lo que *no* está funcionando en sus trabajos y en casa, o lo que está *faltando en sus vidas*. Las mujeres hablan entre sí sobre cómo los hombres son unos *players* en los que no se puede confiar. Los hombres hablan entre sí sobre cómo las mujeres son falsas y consumidas por cómo lucen. Es un juego en el que nos metimos y que jugamos inconscientemente. La gente dice cosas como "La vida es una perra y luego te casas con una." La respuesta más común a esos comentarios es asentar o reírse en aprobación. Muchas conversaciones a diario incluyen quejarse de lo difícil que es la vida y lo complicadas que son las relaciones: "Mi esposa es muy difícil de complacer. No importa lo que yo haga, nunca es suficiente—ella nunca está feliz." Puedes escuchar versiones variadas de este mismo tipo de conversaciones donde quiera que vayas. Hay suficiente evidencia estadística para confirmar cuánto estamos atraídos hacia los problemas del mundo. Si los clientes están felices con su experiencia en algún negocio, típicamente se lo dicen a una o dos personas. Pero si no están fáciles con su experiencia, se lo dirán a una docena de personas, con énfasis en qué tan mala fue nuestra experiencia. La negatividad y la insatisfacción se propagan a una frecuencia más rápida y más ancha, que lo positivo y lo emocionante. Piénsalo. ¿Qué es más probable que escuches "Ella es una persona positiva," o "Ella puede ser tan negativa"? Enfocarse siempre en lo negativo es uno de los condicionamientos más influyentes en toda la sociedad. Cuando estás manejando y hay un accidente en el carril contrario el tráfico de tu lado baja la velocidad. ¿Por qué? La mayoría de nosotros no puede evitar bajar la velocidad, sólo por la posibilidad de ser testigo del drama del sufrimiento humano.

En nuestro mundo actual de *reality television*, los productores constantemente exponen a los participantes y competidores a situaciones de extremo estrés y presión con toda la intención de captar a las personas comportándose mal. Este libro es todo lo opuesto a esa intención. Este libro se trata de liberar un sueño llevado en lo profundo y luego crear una vida que valga la pena vivir dependiendo de tu disposición para aventurarte hacia Las Ramas Más Altas en lo que vas en búsqueda de tu sueño. Éste es un proceso donde escapas de tu acondicionamiento instintivo hacia las limitaciones, tanto dentro de ti como en otros. Te liberas de la turbulencia, del estrés, y el dolor y sufrimiento que automáticamente acompañan el vivir nuestras vidas como víctimas de nuestras circunstancias o enfocados en lo negativo. Éste es un proceso que te permite crear y vivir la vida que realmente quieres vivir, en vez de simplemente quedarte parado en la orilla mirando la vida pasar. Como he mencionado, vivir Desde Las Ramas Más Altas obviamente significará diferentes cosas para diferentes personas. Tal vez eres un dependiente en una tienda, un maestro, un gerente, un vendedor, un empresario que crea un negocio multimillonario, o algo totalmente diferente. No importa cuál sea tu ocupación, tú puedes comportarte en tu trabajo como una simple persona cualquiera, o como un líder maestro— alguien que está propulsado por su visión, positivo y excepcional, alguien que vive en integridad y toma decisiones que benefician a otros. La clave del éxito es tu actitud y la perspectiva que tienes sobre tu ocupación y/o la vida en general. Tu título o el estatus que crees tener no es importante. La carrera en si es incidental a los resultados creados por la persona que hace el trabajo. Todos tenemos la capacidad de crear una vida que valga la pena vivir, la capacidad de entrar en contacto con un propósito más elevado y cumplir ese propósito creando desde un espacio de posibilidad en vez de un lugar de supervivencia, escasez o miedo.

Vivimos donde la autenticidad es escasa, no es valorada o totalmente apreciada. Es una cualidad preciada cuando somos niños y viviendo una existencia relativamente simple, pero en lo que crecemos, nuestras prioridades cambian. ¿Qué es lo que más valoramos como adultos? Vernos bien, tener la razón y estar en control. Operamos desde un mecanismo de sobrevivencia inconsciente. Como adultos, estamos preocupados y consumidos por tener todas las respuestas correctas. Cuando niños, no nos preocupa nada excepto nuestra insaciable sed de descubrimiento, de divertirnos y aprender cosas nuevas. Por eso es que los niños siempre están haciendo muchas preguntas. Para un adulto, el conocimiento y la información son rey. Para un niño, la curiosidad y la creatividad son las partes más importantes de la vida. Si observas a los niños pequeños en sus vidas diarias, a menudo cantarán y bailarán sin ninguna razón en particular. Ellos nunca sólo caminan por la casa. Ellos brincan, saltan, y hacen piruetas. Si no saben las palabras de una canción, eso no les impide cantarla. Inventan palabras—crean. Ellos siempre se están comunicando mediante expresiones de felicidad, el estado más común que experimenta un niño o niña. Los niños están automáticamente auto realizados porque aún no han aprendido la distinción entre ser auto realizado y ser deficiente. A ellos no les importa cómo se ven o lo que otros piensan de ellos hasta que aprenden eso de otras personas, usualmente adultos. Los adultos inventan tantas formas de reprimir, directa o indirectamente, la naturaleza instintiva y auténtica de un niño. Irónicamente, esos mismos adultos por lo regular pasan la vida entera en búsqueda de formas de despertar su propio niño interior.

En parte, este libro trata de hacer justamente eso—volver a reencontrarte con tu auténtico ser, esa increíblemente viva y natural versión de ti. Se trata de encender de nuevo la pasión desenfrenada, el espíritu y gozo que todavía están escondidos dentro de todos nosotros. ¿Quién necesita un café espresso caliente cada mañana? No un niño de cinco años de edad. ¿A quién le importa si es viernes o lunes? Una vez más, a los niños no. Como adultos, tenemos que programar en nuestro calendario las actividades recreativas y vacaciones—tenemos que programar nuestro "gozo" en el calendario. Tenemos que crear "noches de citas" y de intimidad con nuestras parejas. La mayor parte de nuestra vida adulta la pasamos en constante actividad. Siempre estamos haciendo, trabajando, o planeando. Cada semana pasamos cuarenta, cincuenta, sesenta y más horas de nuestra vida enfocados en actividades relacionadas con el trabajo, y para la mayoría de nosotros, es un trabajo que ni siquiera queremos realmente porque en el fondo no lo disfrutamos. Entre nuestras carreras, trabajos, hogares, responsabilidades familiares, y amistades, nos convertimos en hámsteres corriendo y corriendo en una rueda sin fin. Corremos como *banshees* en autopiloto de una cosa a la otra—despertar, trabajar, comer, dormir, repetir. En el proceso, aprendemos a conformarnos con la mediocridad. Nos falta consciencia cuando se trata del potencial creativo de la vida misma. Nos falta apreciación por nosotros mismos y por la gente más importante para nosotros. La vida no está hecha para ser mediocre. No existe para que estar sólo "regular" o "más o menos. "

Desde el momento en que nacemos, la vida se trata de ser expresada totalmente, apasionada sin disculpas sobre las cosas que realmente nos importan. Si realmente queremos que nuestros sueños se hagan realidad, entonces tenemos que despertar y abrir nuestros ojos a lo que realmente somos capaces. Necesitamos relacionarnos de manera distinta con lo que se esté intercalando en nuestro camino. Así que en lo que emprendes la jornada de este libro, pregúntate: "¿Por qué estoy aquí? ¿Cuál es mi propósito real? ¿Por qué hago lo que estoy haciendo? Soy un ser que sólo quiere ser, o ¿hay algo más disponible para mí?" Sé claro en lo que quieres. Elije qué es lo más importante para ti. Tómate el tiempo para parar por un minuto, bájate del *treadmill*, apaga el autopiloto, y mira tu vida honesta y detenidamente. Toma inventario para que puedas identificar las inspiraciones y aspiraciones que sostienes más profundamente. ¿Qué te haría genuinamente saltar de la cama a las 6 a.m. porque quieres, no porque tienes que hacerlo?

La vida Desde Las Ramas Más Altas se trata de despertar y usar el cerebro, el corazón, y tu pasión, para crear y diseñar el futuro que quieres vivir y por el cual quieres vivir. Míralo como la oportunidad de diseñar tu propio Disneyland. Imagina que sólo tienes un boleto y una sola oportunidad para crear esa atracción y para saltar e ir por él. Te debes a ti mismo hacer que esa experiencia valga la pena. Mira hacia Las Ramas Más Altas y encontrarás lo que estás buscando. Empieza a construir el puente entre lo que falta y lo que es posible ahora—tenerlo todo.

## Capítulo Uno

# EMPEZANDO DESDE ABAJO

TODO MI TRABAJO como entrenador y coach- ya sea con individuos, parejas, jóvenes, adultos o mayores—ha sido, y aún es, definitivamente influenciado por mi propia jornada de transformación. Yo nací en Tucson, Arizona en 1964, hijo de Anita y Roger Strasner. No pertenecía a una clase privilegiada, de oportunidad, o estatus, y ciertamente mi familia no era perfecta. De hecho, mis padres se divorciaron cuando yo tenía aproximadamente un año de edad. Poco después del divorcio, mi mamá se mudó a Los Ángeles con mi hermano mayor Larry y conmigo, donde vivimos bien cerca de mis abuelos y bisabuelos. Cuando yo tenía cuatro años mi mamá se fue a Washington, D.C. por un periodo de tiempo para tomarse un respiro y recuperarse de su doloroso divorcio. Larry y yo nos quedamos con nuestros abuelos en Los Ángeles. Un día, mi madre nos llamó y nos dijo que se había vuelto a casar, que tendríamos un nuevo padre, Bob, y que nos mudaríamos a Washington D.C. a vivir con ellos. Esto fue una memoria significativa en mi vida. Nunca olvidaré la llamada telefónica o el largo viajo de California a Washington D.C. Cuando salimos del avión mi madre y nuestro "nuevo" papá estaban allí esperándonos para recibirnos. Mi mamá estaba muy emocionada y nos dio a mi hermano y a mí besos y abrazos. No recuerdo que Bob nos haya dicho algo significativo en el aeropuerto, así que no sabía qué pensar sobre él. Sólo recuerdo que era alto. En lo que Larry y yo nos sentamos en el asiento de atrás del carro hacia la casa, recuerdo experimentar una extraña sensación de comodidad. En el camino a casa, recuerdo a Bob pasándome una barra de chocolate, la cual recibí gratamente y acepté con emoción. Parecía que era su forma de conectar con nosotros.

Esta primera experiencia de interactuar con mi nuevo papá se convirtió en fin en la norma durante mi niñez. Recuerdo pasar mucho tiempo con él en mis primeros años, físicamente cerca de él, a menudo trabajando en el patio o alrededor de la casa, y aún así no recuerdo mucha intimidad o conexión emocional. No hubo mucho contacto físico—abrazos, besos, o afecto de padre. Con el tiempo, empecé a anhelar ese tipo de cosas. Pero en lo que crecía y aprendía más sobre mi nuevo padre, lo veía como el mundo para mí. Para mí, él era sumamente inteligente, interesante, trabajador, honesto, sofisticado, desafiante, y a menudo irreverente. Yo lo encontraba absolutamente fascinante. Además tenía un sentido del humor fantástico. Estar rodeado de alguien así hace fácil estar en asombro. La primera vez que nos conocimos, mi madre me dijo que lo llamara Papá, así que lo hice. En esos momentos, yo realmente no entendía qué significaba esa palabra. Pero gracias a lo mucho que lo admiraba y respetaba, me sentía cómodo llamándolo Papá, y lo sigo haciendo hasta la fecha. Cuando yo tenía cuatro años de edad, era sólo una palabra para mí, pero mientras crecía, se sentía como una declaración consciente, una afirmación, llamarlo Papá. Ya no solamente estaba obedeciendo a mi mamá. Yo *quería* que él fuera mi papá. Quería que me viera como su hijo, no como su hijastro. ¿Por qué? Porque yo estaba buscando amor, conexión, y un sentido de pertenencia. Él tenía una tremenda influencia en mí. Aprendí tantas cosas de él: a apreciar lo que tengo, a investigar, a considerar mis pensamientos, a honrar mi palabra, a mostrar respeto por otros, a comunicar con claridad y de forma inteligente mi punto de vista, a reír, a usar mi mente para crear ideas, a darme cuenta que la vida no es justa, entre muchas otras lecciones.

Desafortunadamente, mayormente debido a la naturaleza humana, las experiencias que más me impactaron no fueron estos regalos que recibí de él, sino la profunda decepción que yo sentía en su presencia. Yo me convencí que no era digno, que no era lo suficientemente bueno, y que nunca viviría a la altura de sus expectativas. No importa lo que hiciera, nunca experimenté la conexión, aceptación y el consuelo que necesitaba. Empecé a sentirme extremadamente inseguro, y estaba convencido que yo no era suficientemente inteligente, que algo estaba mal en mí.

Cuando mi hermano Larry y yo peleábamos o discutíamos por algo, parecía que mi papá nunca me defendía. Cuando nos asignaban quehaceres mi papá aceptaba sin protesta si Larry no cumplía con los suyos. Como mi papá no estaba interesado en los deportes, él básicamente mostró muy poco interés en el tema—y muy poco apoyo hacia—mi amor y pasión por el juego. A menudo, yo buscaba su apoyo cuando tenía dificultades en la escuela, y él no estaba disponible o estaba muy ocupado con su propio trabajo. Cuando yo no estaba de acuerdo con su punto de vista, me decía que yo estaba equivocado de una manera intensa e intimidante. Sus palabras me asustaban y me estremecían. Constantemente cuestionaba mis propios pensamientos, y entonces las dudas me atrapaban y me consumían. Yo estaba en búsqueda de alguien que creyera en mí, que se parara por mí. Por años esperaba que esa persona fuera él, pero muy a menudo me quedaba esperando.

Yo quería sentirme especial e importante, como que yo importaba, pero de adolescente, lo que sentía era enojo, me sentía perdido, inseguro, solo e insignificante.

Esto me lleva a mi relación con mi mamá. Mis primeras memorias y experiencias con mi mamá me afectaron profundamente, y como resultado, nuestra relación fue la más influyente y difícil en mi vida. Para empezar, mi mamá tiene muchas hermosas cualidades que la hacen una increíble mujer y persona. Ella está emocionalmente conectada. Está clara en todo momento de mis sentimientos y de los sentimientos de cada uno en nuestra familia. Como niño, yo no me comportaba muy bien la mayor parte del tiempo; mi mamá me sentaba por horas intentando apoyarme y hacía lo mejor que podía para animarme. Ella estaba 100% comprometida por nuestra felicidad, nuestros sueños, nuestra educación, nuestra salud, nuestro bienestar, y nuestro desarrollo como personas. Además, me daba muchos regalos intangibles. Por ejemplo, ella era la que siempre me animaba a no sólo hablar desde mi mente, sino también desde mi corazón. Ella no sólo me enseñó a escuchar lo que la gente está diciendo, sino a escuchar lo que no están diciendo—la música detrás de las palabras. Por ella, estoy en sintonía y sensible a lo que ocurre a mi alrededor. Yo uso estos talentos y dones en cada área de mi vida, como padre y como esposo, y en mi profesión como entrenador y coach. Otra maravillosa e importante cualidad de mi madre es la forma en que dijo las palabras "te amo" miles de veces durante mi niñez, por lo regular acompañadas de calurosos abrazos. Yo aprecio a mi madre por las contribuciones que ha hecho en mi vida en todas estas formas tan importantes. Sin embargo, a la par de estas experiencias importantes, valiosas, y significativas, hubo otros eventos y momentos que me causaron tremendo dolor y heridas.

Nuestra única relación de madre e hijo y mis subsecuentes interpretaciones de nuestras interacciones me llevaron a desarrollar las más dominantes creencias limitantes y puntos de vista sobre mí y mi lugar en este mundo. Además de todas las maravillosas cualidades que mi madre tenía y aún tiene, también tenía algunas formas de ser que no beneficiaron mi crecimiento.

Cuando niño, yo estaba convencido no sólo que mi madre favorecía a Larry más que a mí, sino que también lo quería y lo amaba más que a mí. Mi mamá puede ser un persona increíblemente dominante, controladora, y a veces egocéntrica. En cualquier conflicto que yo tuviera con mi hermano, era el ruido lo que la molestaba, de manera que ella gritaba más alto, y su rabia siempre parecía estar dirigida hacia mí. No importaba lo que estaba pasando ni cuál hubiese sido la causa del conflicto. En sus ojos, Larry era el hijo perfecto, el pequeño príncipe que no podía equivocarse. Mientras tanto, yo era el "hijo difícil", el bufón de la corte, el problemático. Aunque mi mamá usara o no esas palabras exactamente, yo constantemente escuchaba en mi cabeza: "¿Por qué no puedes ser como Larry? Él es tan fácil." Como niño, mis sentimientos sobre mi madre eran extremos, como una montaña rusa con increíbles subidas y bajadas. Era una absolutamente una relación amor-odio, con énfasis en el odio.

Lo que más me impactó fueron las bajadas. Yo no reconocía o sentía el genuino amor de ella hacia mí. Aunque ella dijera las palabras ("Te amo") cada día, aún cuando me abrazara, me besara, o mostrara increíble afecto en ocasiones, no importaba lo que ella dijera o hiciera, yo aún así no creía que sus palabras eran honestas. No me llegaba. Su comportamiento era a menudo errático, y sus reacciones emocionales eran impredecibles. Ella lloraba mucho. Parecía deprimida e infeliz, peleaba con sus propios padres y con mi papá, Bob. Yo la llamaba "aguafiestas" a sus espaldas. Yo solía decir, de manera sarcástica, que si estábamos divirtiéndonos de alguna forma, el trabajo de mi mamá era extinguir el fuego de la diversión inmediatamente. A menudo sentía que su motivación para tener hijos era para llenar un vacío, y adormecer el dolor que ella sentía por lo que faltaba en su propia vida. Yo permití que algunas de las cosas que ella me dijo me hirieran profundamente, y usaba esas frases como evidencia de que algo estaba mal en mí. La escuché decir cosas como, "renuncié a mi educación universitaria y sueños profesionales por ti," y "Michael, la razón por la que le agradas a tus amigos es porque ellos no te conocen como yo te conozco." Ella decía, "Michael, me gusta más el fútbol que el fútbol americano".

No era sólo lo que me decía lo que hería, sus acciones también jugaron un gran rol. En uno de mis cumpleaños, mis padres se fueron de vacaciones, diciendo que necesitaban tiempo juntos para reconectar como pareja. Yo pasé mi cumpleaños con la familia de un amigo de la casa. Aunque Kris Robison hizo lo mejor posible para hacer el día especial, yo me sentí completamente desvalorado y no amado. ¿Se hubieran ellos ido de vacaciones durante el cumpleaños de Larry? Por supuesto que no.

Una Navidad por la mañana, mis hermanos y yo bajamos las escaleras para ver lo que Santa nos había traído, y mientras que Larry y mi hermana Danielle recibieron todo lo que deseaban, yo recibí un par de cositas pequeñas. Le dije a Larry, "Parece una escasa cosecha este año, me voy a acostar a dormir de nuevo." Lo que realmente pasó fue que mis padres olvidaron poner mis regalos debajo del árbol, pero en ese momento, lo que vi fue más evidencia corroborando que yo era menos importante que mis hermanos. No puedo recordar un instante en el que Larry estuviera sin ropa y zapatos nuevos mientras yo recibía las cosas que él me pasaba de segunda mano. En algunas ocasiones, tuve que usar zapatos de tenis con agujeros por largos periodos de tiempo. Yo sé que mi papá trabajaba duro y se dedicaba a hacer todo lo que pudiera para mantener a su familia. Era obvio que no teníamos mucho dinero y que el presupuesto era apretado, pero parecía como que las necesidades de Larry eran incluidas en la lista de prioridades de mi mamá, sin dejar espacio para las mías. Rara vez mi mamá nos llevaba a prácticas o juegos, a las películas o a las tiendas, o a ver amigos. Sólo venía a verme a mis variados eventos deportivos en algunas ocasiones. Esto era muy decepcionante para mí y con el tiempo acumulé un tremendo resentimiento y amargura contra ella. Mis dificultad de confiar en otros simplemente empeoraba. Pronunciar la frase "te amo" cada día no tiene poder alguno si las palabras no están consistentemente acompañadas de las acciones apropriadas.

Ya que la educación y el aprendizaje eran prioridades para mis padres, usualmente participábamos de actividades que resultaban más divertidas para adultos que para niños, como asistir a exhibiciones artísticas, festivales y museos. En esos tiempos, estas actividades no estaban en mi lista de intereses. Yo sentía pasión y amor por los deportes, y deseaba no solamente que mis padres lo comprendieran, sino que también me apoyaran en ello. La mayor parte del tiempo, esto no sucedía. En lugar de eso, yo sentía que no tenía ni voto, ni poder, ni valor. Yo sentía como si no perteneciera a la familia. Yo era la oveja negra. No encajaba. A menudo estaba a solas en mi habitación, sintiéndome perdido y confuso. En una ocasión, me inventé la explicación de que mi mamá nunca realmente estuvo enamorada de mi padre biológico, Roger, y que me había tenido sólo por un sentido de deber y obligación. A principios de los años 60 el aborto no era una opción, pero yo pensaba que si hubiera sido más socialmente aceptable, considerando los problemas maritales que mis padres estaban teniendo, hubiera sido una justificación perfecta. Debido al estado emocional de mi madre durante su embarazo una decisión tan radical pudo fácilmente haber sido una manera consciente o subconsciente de manejar el estrés. Sin embargo, durante mi juventud, a mí no me importaba mucho su lado de la historia, no me importaba su punto de vista para nada, ni siquiera lo que estaba sintiendo. Lo único que me preocupaba era lo que yo estaba experimentando. Construí muros de armaduras y metal para enterrar mis dones reales y mis genuinos talentos bajo la avalancha de las conversaciones de víctima que me consumían.

Larry y yo fuimos criados por mi mamá y mi padrastro, pero también teníamos una relación con Roger, nuestro padre biológico. Fue una relación sumamente retadora para mí. Mis memorias más tempranas de él son intermitentes. Sin embargo, muchas de los recuerdos que tengo son fantásticas, llenas de diversión y emoción, jugando a cachar la bola con él, participando en varias actividades deportivas, deslizándonos sobre las olas, paseando en la playa, y tomando el sol. Pero Roger, mi padre, era como un mago con su acto de desaparición: *Ahora me ves, ahora no me ves.* Larry y yo sólo lo visitábamos cada dos años en San Diego, donde estaba viviendo con su nueva esposa, Mickey. Mientras estábamos juntos, actuaba como un papá normal. Se compenetraba, y le importaban las cosas que a nosotros nos importaban, nos hacía cientos de preguntas, y parecía que realmente escuchaba, y que le importaba lo que yo tenía que decir. Como era verano, hacíamos todas las cosa que un niño ama hacer, especialmente con su padre. Pero la inconsistencia de la relación tuvo un tremendo impacto en Larry y en mí. A medida que pasaba el tiempo esa relación se convertía en una constante fuente de decepciones. Nosotros pasábamos cinco o seis semanas de tiempo dedicado entre padre e hijo durante esos viajes de verano. Durante ese periodo, yo inclusive me sentía querido, importante y conectado. Y de repente, se acababa, y esas emociones cálidas y sentimientos se desvanecían. Después, sólo habría una o dos llamadas por año, tal vez en mi cumpleaños. Ocasionalmente enviaba cartas, pero mas allá de eso, no había otro contacto. Era como un sueño; no se sentía real.

Nuestra relación fluctuaba entre caliente y fría. Después de cada viaje cuando dejaba San Diego para regresar a casa, pasaba de sentirme saciado de una fuerte sensación de pertenencia a sentir tristeza y vacío. Mientras crecía, me preguntaba cómo sería vivir con él. ¿Sería posible que me quisiera con él? También pensaba cómo el mudarme al otro lado del país para vivir con mi papá podría afectar a mi mamá y padrastro. A veces, lo cómodo de lo conocido es tiene más fuerza que lo desconocido, aunque no seamos felices con lo conocido y no nos haya guiado hacia lo que realmente queremos. Yo estaba experimentando una gran ambivalencia. Sentía que me hundía en arena movediza, desesperadamente buscando una rama a la que agarrarme. Anhelaba algún tipo de estabilidad o plataforma donde pararme con un sentido de seguridad.

La primera vez que Larry y yo nos mudamos al Noreste, vivimos en Washington, D.C. con nuestra madre y padrastro. Nos mudamos constantemente y vivimos en diferentes lugares durante esos tempranos años como una nueva familia: D.C., Virginia, y Nueva Jersey. Todas las estadías eran de corto plazo, en lugares transitorios, realmente no eran hogares. Mi hermana Danielle nació cuando vivíamos en Virginia, y poco después nos mudamos a un pueblo justo en las afueras de Boston llamado Natick, el cual yo considero nuestro verdadero primer hogar. Fue durante estos años formativos que empecé a desarrollar mis inseguridades emocionales e interpretaciones de la vida y de los eventos de mi vida que me robaban poder.

Además de mi tempestuosa relación con mi madre y ambos padres, mi relación con mi hermano Larry era intensa y a la vez retadora. Durante nuestra niñez, mi hermano y yo éramos prácticamente inseparables. Hacíamos casi todo juntos hasta que yo cumplí aproximadamente 15 años. Durante casi todos los eventos importantes y significativos, mi hermano Larry estuvo presente. Él era un año mayor que yo, y en aquel entonces era el "príncipe", el perfecto, y por supuesto, todo lo que hacía era lo correcto. Éramos extremadamente competitivos, pero usualmente yo me sentía como subcampeón, como si la gente pensara en mí como el "hermano de Larry" y nunca lo contrario. Yo nunca fui *yo*. Todo lo que yo alguna vez hice era comparado y medido en relación a lo que mi hermano ya había hecho. Los dos éramos testarudos, y cada uno tenía puntos de vista sólidos sobre lo que deberíamos hacer; a dónde ir; qué deporte, actividad, o juego deberíamos jugar; cuáles serían las reglas; y cómo determinaríamos el ganador. La mayor parte del tiempo, estábamos tan emocionados y enfocados en lo que estábamos haciendo, que parecía como si realmente estuviéramos bien unidos y nos lleváramos bien uno con el otro. Si yo me equivocaba él me atacaba; si yo le ganaba en algún juego, él se enojaba y no jugaba de buena manera; yo reaccionaba exageradamente ante el rompimiento de cualquier regla; él instigaba una confrontación conmigo si estaba aburrido; yo sentía celos de su relación con nuestra madre y empezaba a criticarlo; o yo quería jugar un juego que él no quería jugar, y lo molestaba hasta que aceptara. Para nosotros, ésa era la forma en la que nos relacionábamos mutuamente.

Cuando yo tenía conflictos con mis padres, lo cual era muy a menudo, buscaba el apoyo de mi hermano, y la mayor parte del tiempo, el se ponía del lado de mis padres. Aunque no tuviera toda la información, él asumía que la culpa debió haber sido mía, que eran mis asuntos los que habían causado el problema. Para Larry, yo siempre estaba equivocado. El asunto escalaba entonces a un conflicto entre los dos, y en ocasiones la confrontación llegaba a ser física. Larry era sumamente fuerte. Yo no podía competir con él en el nivel físico, de manera que yo peleaba usando palabras. La situación entonces empeoraba, lo cual ocasionaba una intervención de parte de mis padres, creando mayores problemas para mí. Además de todas las veces que me castigaron como niño, lo cual parecía que ocurrió durante toda mi vida, nada lograba resolverse. Lo más que yo podía esperar era al menos la neutralidad. Yo anhelaba un cese al fuego, sabiendo que la guerra siempre empezaría de nuevo al día siguiente.

Tenía un gran número de razones para rendirme y simplemente resignarme a una vida de mediocridad, haciendo lo mínimo, y asignándome un rol de segundo plano en la vida. La grandeza que yo percibía en mi hermano era una gran sombra de la cual yo no podía escapar. No veía posibilidad alguna de que yo algún día pudiera brillar. En un mundo perfecto, podría haber suficiente espacio para los dos, pero yo había decidido que era él o yo, y Larry siempre ganaba. Y aunque yo me veía como víctima en mi relación con mi hermano, yo no era inocente. Yo contribuía con mi propia dosis de fastidio, irritando y frustrándolo a mi manera.

Yo estaba completa y patéticamente celoso de él en muchos niveles. Él era guapo, agradable, y seguro de sí mismo. Sabía cuándo callarse y seguir las reglas, y cuándo hablar. Era cercano a y estaba conectado con mi mamá; básicamente todo parecía fluir fácilmente y sin esfuerzo para él. Por otro lado, yo ya había decidido en mi mente que nada era fácil. Constantemente me subestimaba y me saboteaba, tanto de manera consciente como inconsciente. Iniciaba argumentos y conflictos con Larry sólo para provocarlo. A menudo, tomaba mis frustraciones, errores y fallos y los proyectaba en mi mamá y papá. Mi necesidad de tener la "razón" de lo "equivocado" que ellos estaban, o del "daño" que me hacían, no era suficiente para mí. Yo lo llevaba al mayor extremo posible y por consecuencia empeoraba las cosas. Mi punto de vista de impotencia y mi completa incapacidad de minimizar el daño ya hecho o resolver algún problema, convertían un problema menor en una catástrofe con facilidad y eficiencia. Tenía hambre de castigo. Estas relaciones tuvieron el mayor impacto en formar mi experiencia de mí mismo, de mi lugar en la familia, de mi participación en la escuela, de mi percibido estatus social, y finalmente, mi punto de vista del mundo. Irónicamente, aún sin creer en mí, sin auto aceptación y confianza en mí mismo, tenía algunas cosas a mi favor. Otros reconocían mis talentos y dones, pero en ocasiones, cualquier y toda retroalimentación o resultados positivos tenían una mínima influencia en mi percepción general de mí mismo. Los elogios me entraban por un oído y salían por el otro. Cualquier cosa positiva era fugaz y tenía absolutamente cero sostenibilidad.

Por ejemplo, yo era un excelente atleta. Yo jugaba casi todos los deportes, incluyendo fútbol americano, béisbol, baloncesto, hockey, tenis, carreras de velocidad, y golf a alto nivel de rendimiento y rápidamente aprendía cada deporte. A fin de cuentas, el juego en el que realmente era excelente era el golf. Aprendí el juego a los 13 años mirándolo por televisión. Parecía un juego retador, lo cual es parte de la razón que me atrajo. Dado mi limitado tamaño físico, era también un juego que podía jugar sin riesgo a heridas, contrario a los otros deportes que tanto disfrutaba. Me enseñe a mí mismo cómo jugar golf y no recibí lecciones. En dos años llegué a formar parte del equipo de golf de la secundaria y subí de posición 10 a la cuatro y luego a la número uno en un equipo de doce. Estuve invicto en cada juego en mis últimos años de secundaria. Una vez, en una práctica, logré un tiro al hoyo en un sólo intento en el tercer hoyo en el Club de Golf de Putterham Meadows Golf, en Brookline, Mass. Pasé a un lugar más alto por encima de mis compañeros y entrenadores. Además de formar parte del equipo de *Varsity Golf*, también fui seleccionado para el Equipo *All-Conference* por la liga de entrenadores y fui invitado a jugar en el Torneo *All-State* de Massachusetts. Suena grandioso, ¿verdad? Yo debería estar en la cima del mundo, pero no era así. Estos resultados todavía no eran suficientes para interrumpir mis pensamientos de falta de dignidad, de inseguridad, y de duda. En la escuela, la mayoría de mis maestros pensaba que yo era inteligente, brillante y talentoso. Me decían cuánto disfrutaban de tenerme en sus clases, cuánto apreciaban mi contribución en los proyectos de la clase, y que mi potencial era ilimitado. Mi comportamiento en la escuela era un reflejo de mi experiencia sobre mí y mi vida. En realidad, hacía sólo lo suficiente para pasar. Rara vez apliqué un 100% de esfuerzo para completar mi trabajo con excelencia. A menudo me sentaba en la clase a soñar despierto sobre una vida lejos de los sentimientos de miseria, de vacío, de la agobiante sensación de que mi vida era irrelevante para todos. Una que otra vez, se me hacía fácil y ganaba buenas notas. Con muy poco estudio, lo lograba al final. Mi maestro me felicitaba y me decía cuán orgulloso estaba de mí, y básicamente para mí no significaba nada. ¿Por qué? Porque yo sabía lo que había hecho para pasar, que por lo regular no era mucho. Yo sabía que la retroalimentación positiva realmente no me la había ganado, así que no tenía ningún impacto. Mi falta de esfuerzo genuino sólo reforzaba mis sentimientos sobre mí, y cuando recibía reconocimiento de parte de mis maestros o de mi mamá o papá, se sentía como algo superficial porque yo sabía la verdad. Y aunque sintiera que no lo merecía, aún así buscaba el reconocimiento y apreciación de cualquier forma que pudiera, esperando que hiciera alguna diferencia en mí.

Yo tengo dos hermanas: Danielle, que es cinco años menor que yo, y Candide, que es 12 años más joven. Las dos fueron concebidas de mi mamá y papá, Bob. También tengo un hermano, Andy, que es 10 años menor, y una hermana, Missy, que es 14 años más joven. Ellos dos son de mi padre, Roger, y su segundo matrimonio con Mickey.

Como fuimos criados por mi mamá y padrastro, yo crecí muy cercano a Danielle y Candide. Técnicamente ellas son mis media hermanas, pero no en espíritu ni en mi experiencia de mi vida con ellas. Yo estuve allí cuando nacieron, y ellas ambas siempre han sido mis verdaderas hermanas. Las dos son absolutamente hermosos seres humanos en todos los aspectos.

Danielle era la más dulce, amable y compasiva de mis hermanos y hermanas, el ejemplo de la bondad a la que todos aspiramos en nuestras vidas. Cuando yo necesitaba un abrazo o necesitaba sentir algún sentido de pertenencia, yo iba directo a Danielle y ella siempre me aceptaba y amaba sin juzgarme. Candide estaba llena de gozo, sonrisas, y abundante energía juguetona. Yo siempre la buscaba a la salida de la escuela, y siempre fue un privilegio, nunca una carga. Ella me entretenía con sus canciones, bailes, humor y espíritu infeccioso. Mis hermanas me elevaban y hacían mi existencia tolerable, me sentía especial con ellas, aunque el sentimiento fuera temporero. En aquel entonces, yo había formado la idea de que la razón por la que ellas me amaban tanto era porque ellas eran muy jóvenes y no podían ser influenciadas por los pensamientos de Larry y mis padres.

Como no me crié bajo el mismo techo de mis otros medio hermanos, Andy y Missy, perdí años de oportunidades de conocerlos y desarrollar el mismo nivel de significado en nuestra relación durante la niñez. Como adultos, por supuesto, nos hemos acercado y los considero mi hermano y hermana.

Sin embargo, durante nuestras visitas como niños cada par de años, mis medio hermanos y yo compartimos muchas diversiones, emociones y aventuras. No fue fácil ver cómo Andy y Missy vivían, la calidad de vida que recibían, y la abundancia de oportunidades que disfrutaban. Más difícil aún, era saber que a ellos les tocaba estar con mi papá tiempo completo. Esta inequidad produjo enojo, resentimiento, y tensión a Larry y a mí en nuestra niñez. La canción de una serie de televisión popular en la época, Los Jeffersons, me viene a la mente: "...nos mudamos, al lado este, al apartamento lujoso en el cielo... finalmente recibimos un pedazo del pastel!" El único problema era que a Larry y a mí nos tocaban pedacitos pequeños del pastel, y el pastel venía en una caja para llevar. Larry y yo no estábamos demasiado consentidos, pero las visitas a nuestro papá, generaban muchas conversaciones de injusticia como: "¿Qué hicimos mal? ¿Por qué no nosotros?" Sentíamos que nos merecíamos más y experimentábamos resentimiento.

Y por supuesto, nuestras frustraciones las dirigíamos hacia nosotros mismos, y hacia Andy, a quien le di el título de "Príncipe de la Costa Oeste." Para Larry sólo había espacio para un solo príncipe, y Andy estaba invadiendo su territorio y amenazando el dominio y autoridad que Larry se había impuesto. Yo era el segundo de los cinco, así que el hecho que Andy era mayor que Missy no significaba nada para mí. Él era otro príncipe que necesitaba ser removido de la forma que fuera necesaria. Lo veía como la supervivencia del más fuerte.

Andy era inteligente, jovial, y atlético. Él nos adoraba a Larry y a mí. ¿Estaba consentido? Sí. Pero no merecía ser tratado como nosotros lo tratamos. Simplemente sentíamos celos y la agarrábamos contra él. Missy, sin embargo, estaba en la categoría de mis otras hermanas: dulce, adorable, y absolutamente en aceptación de mí y de todos. Pero como no crecimos juntos, y había una gran diferencia de edad, me sentía mas como un tío o primo hacia ella. Teníamos una conexión, pero era distante.

Como mencioné anteriormente, mi papá, Bob, gradualmente se convirtió en una figura de gran influencia en mi vida. Él era increíblemente inteligente y un hombre de mundo, conocedor de una gran gama de temas: políticas, ciencias, sociología, cultura, y más. Vivía fascinado con la vida y el mundo en general. Conversábamos sobre política y los líderes de justicia social, y aún más importante, de lo que yo quería hacer con mi vida. Estas conversaciones eran por lo regular retadoras, inclusive difíciles. No era fácil responder cuando yo sólo estaba en búsqueda de algo razonablemente inteligente que decir. Yo siempre creí que no importaba lo que dijera, yo nunca sería suficiente, y que él realmente no me entendería. Inclusive temía que él destrozara mis ideas en pedazos, que minimizaría mis sueños como simples fantasías fuera de la realidad. Mis inseguridades aumentaban debido a mi necesidad de su aceptación y aprobación.

Por supuesto, como cualquier niño, yo tenía muchos pensamientos y sueños sobre mi futuro. Yo quería ser atleta profesional, abogado, actor, cantante en una banda de *rock*, comediante, y algún día, esperaba entrar en la política. Mientras mi padre retaba mis pensamientos en búsqueda de mis motivos, mi nivel de compromiso y mi plan de acción para lograr alguno de estos sueños, mis sentimientos de indignidad se sobreponían. Al final de estas conversaciones, aunque no fuera mi intención—yo firmemente creía que no iba a tener éxito y que no contaba con lo que esto requería. Inclusive recuerdo decirme a mí mismo, "Tal vez algún día tendré la confianza que necesito para ir tras lo que quiero... eso espero." Yo no le podía expresar estos verdaderos pensamientos y sentimientos a él porque esto demostraría vulnerabilidad y ya en mi adolescencia, había empezado a apagar mi verdadero ser del mundo exterior. En mis ojos, mi propia familia, incluyendo el hogar donde vivía, eran parte del mundo exterior. Me estaba encerrando detrás de la barricada que yo mismo había creado.

Cuando cumplí quince años, ocurrieron unos cuantos eventos significativos que definieron mi vida. Un día, mientras hacia quehaceres en la casa, encontré un testamento. No sabía lo que era hasta que cuidadosamente abrí el sobre. En la hoja, claramente vi el nombre de Larry (por supuesto) en varias ocasiones, al igual que los nombres de mis hermanas, Danielle y Candide. Mi nombre, sin embargo, no aparecía por ningún lado. No ver mi nombre en ese documento fue una experiencia traumatizante para mí. Desde mi perspectiva, esa omisión del testamento sólo confirmaba todo lo que creía era verdad sobre mi familia y yo. Eso confirmó que yo no era amado de la misma forma que mi hermano y hermanas, que no encajaba, que yo era la oveja negra de la familia.

Como mencioné anteriormente, Larry y yo veíamos a nuestro padre, Roger, cada dos años, y entre esas visitas, él ocasionalmente nos escribía largas cartas de hasta 10 páginas. Eran cartas de gran sustancia de un padre al que yo y mi vida parecían importarle. De ninguna forma esas cartas eran escritas por obligación. Algunas veces leía las palabras cuatro y cinco veces sólo para sentirme conectado a él en esos momentos. No mucho tiempo después de la difícil experiencia de haber encontrado el testamento sin mi nombre, fui a visitar a mi padre sólo por primera vez. Cuando estuve en San Diego, sentí un sentido de seguridad que nunca antes había sentido. Y pienso que esto fue parcialmente porque fui sin Larry, así que no había competencia por el amor, por el tiempo, o atención de mi padre. Fue una experiencia maravillosa, y no quería que terminara. Era la inyección en mis venas que tanto estaba buscando—era lo que yo necesitaba para ver la posibilidad de cambiar mi percepción y sentimientos sobre mí mismo y mi futuro.

Cuando regresé a Boston después del verano, mi mamá me recogió en el aeropuerto. Ella como siempre estaba muy perceptiva en su conexión con mi estado mental. Notó cuán emocionado yo estaba y podía ver la chispa en mis ojos mientras yo describía mi experiencias del verano. Ella me miró y dijo, "¿Quisieras irte a vivir con tu padre permanentemente?" Y aunque estaba aterrorizado, me arriesgué y dije que sí. Había pensado en esa posibilidad todo el fin de semana, pero dudaba de si alguna vez tendría la oportunidad, o mas aún si era realísticamente posible. Cuando mi mamá lo preguntó, pude ver lo difícil que esto sería para ella. Ella estaba llorando, pero por primera vez, yo realmente sentí que ella estaba considerando cuáles serían las acciones que me darían mayor oportunidad de tener éxito. Aprecié que pusiera a un lado su propia tristeza, decepción, o aún sentimientos de fracaso, con tal de apoyarme de la mejor forma. Me dio permiso para llamar a mi papá y preguntarle.

Cuando llamé para expresarle mi deseo de vivir con él, sentía que se me iba a salir el corazón. Estaba temblando, asustado, y me sentía sumamente vulnerable. Estaba llorando porque, en ese momento, nunca había querido algo más de lo que quería escucharle decir sí. En mis quince años de vida hasta ese momento, ésta fue la primera vez que realmente le pedí algo. Era el riesgo más grande que había tomado. Su inmediata respuesta fue de emoción y gozo, y todo lo que dijo me hizo pensar que diría que sí. Me pidió que lo hablaría con su esposa, Mickey, y que me llamaría al día siguiente. Cuando colgué el teléfono, recuerdo sentirme seguro y con la convicción de la respuesta que recibiría. Mis pensamientos subían y bajaban: *¿Él lo desea tanto como yo, no es así? Convencerá a Mickey, ¿cierto? Andy y Missy querrán que yo viva con ellos y ser parte también de su familia, ¿verdad? Es hora de que mi papá se pare firme por su hijo, después de no tenerlo por quince años, ¿no?* Al día siguiente recibí la llamada. Me dijo que lo había discutido con Mickey y que la respuesta desafortunadamente era no, que lo sentía. No recuerdo mucho el resto de la conversación, pero sé que estaba aturdido, en *shock*, y herido. Él dijo algo así como cuán duro sería para mi mamá, y sólo recuerdo el sentimiento de vacío en mi estómago. Lo que escuché después de eso fue, bla... bla... bla... Fin de la llamada. Fin de la esperanza que tenía de cambiar mi vida. Cuando mi papá dijo que no, sentí que una parte de mí murió. Había enviado una señal de auxilio, y él no había escuchado mi llamado. Me dije a mí mismo que nunca más volvería a pedirle algo a él ni a nadie. Que nunca me permitiría ser así de vulnerable y expuesto. Este incidente con mi padre era sólo una evidencia más que reforzaba todas mis creencias e interpretaciones limitantes.

Alrededor de ese incidente, algo pasó en la escuela que tuvo un gran impacto en mí. En la clase de francés un día, la maestra estaba siendo difícil con uno de mis amigos. Cuando ella se alejó, yo le susurré a mi amigo, "No te preocupes, David. Ella es una perra." No era mi intención que ella me escuchara. Sólo estaba defendiendo a mi amigo. Al final del día, hablaba por teléfono en mi cuarto cuando escuché que tocaron mi puerta. Era mi papá, Bob. Él nunca venía a mi cuarto así que inmediatamente supe que pasaba algo. Cuando abrí la puerta, su rostro estaba rojo. Me miró fijamente y me dijo, "¿Tú llamaste a la maestra de francés perra?" Mi pensamiento inicial fue: *¿Cómo es posible que él sepa esto?* No pensaba que alguien aparte de David me hubiera escuchado. Mi papá no me dio la oportunidad de explicarme. Me confrontó fuertemente, tan fuerte que estremeció el centro de mi ser. Parecía que no importaba lo que yo hiciera, siempre estaría en mi contra, ya fuera lo que yo mismo hiciera o aún en mi interpretación de las acciones de otros. Decidí que esto era el colmo. Me fui de mi casa por tres días. A los quince años, firmemente creía que no podía confiar en "esa" gente. No podía confiar en mi propia familia. Pensé que ni yo ni mi vida les importaban. No sabían quién yo era, no me entendían ni valoraban lo que era importante para mí, así que me cerré por completo y decidí irme lo más lejos posible.

Me convertí en un total rebelde con una gran actitud arrogante. Estaba comprometido a ir en contra de la corriente. Me prometí que iría al colegio más lejano posible de mi familia. Decidí que la Universidad de Jacksonville en Florida sería mi destino. Mi mejor opción era alejarme lo más posible de Boston, y continuar jugando golf. (Había creado la fantasía en mi mente de que tenía la oportunidad de practicar durante todo el año, y tal vez tendría la oportunidad de ser un golfista profesional algún día). La distancia, tanto emocional como física, se convirtió en mi credo. Cuando mis padres se dieron cuenta, vieron los números y me dijeron que no teníamos el presupuesto. Inmediatamente pensé sarcásticamente: ¡*Wow, esto sí que es una sorpresa!* Claro que mis padres no podían enviarme a una escuela de mi preferencia. Tenía que conformarme con algo menos. Yo no era Larry, quien por supuesto pudo ir a la escuela de sus sueños.

Al final, elegí un colegio llamado Georgia Southern University, que por lo menos era lo suficientemente lejana. Mis padres me advirtieron que no me gustaría el Sur, pero no los escuché. Ya yo estaba firme en mi creencia que yo no les importaba, y que haría lo que fuera necesario para ir adonde tenía que ir. Estaba enojado y amargado. Asumí el rol de víctima. Ellos estaban preocupados sobre mi experiencia en un pequeño colegio en Georgia, y debido a mis sentimientos hacia ellos y sobre mí en aquellos momentos, yo no podía ni los quería escuchar. Todos sus miedos y advertencias resultaron ser 100% acertadas. El año que pasé en GSU fue la llamada de atención más traumatizante de mi vida. La realidad de los problemas que la gente estaba experimentando en el mundo en general—así como en los Estados Unidos—me golpeó como un mazo en la frente. El sexismo y el racismo estaban por doquier. Escuchaba la palabra "N" muchas veces al día, y aunque era 1982, parecía como si no hubiera habido nada de progreso en el Sur en las últimas décadas, por lo menos según lo que leía en los libros de historia. Incluso el profesor de psicología le dijo a nuestra clase, en respuesta a la pregunta de un estudiante sobre lo que era vivir en el Sur de E.U., "Por una vez, me gustaría salir del siglo XVIII y vivir en el siglo XX." En una clase de 500 estudiantes, yo parecía ser el único que se daba cuenta del insulto directo al lento progreso llevado a cabo allí, y me sentí incómodo.

Durante este tiempo la música era una parte bien importante de mi vida. Los mensajes en la letra de mis canciones favoritas a menudo me permitían transportarme hacia el futuro, bien lejos en la tierra de los sueños. Fantasear sobre lo que pudiera ser tal vez algún día. John Lennon era uno de mis héroes de la música y de la vida. Él escribió sobre paz, honestidad e igualdad en la tierra—una representación de un mundo acogedor, un mundo perfecto que me esperaba lejos del sofocante lugar de donde yo provenía. Bob Marley fue otra poderosa e influyente voz. Sus mensajes sobre defender tus derechos, sobre un sólo amor y la creación de una nueva civilización, todo hablaba de la esencia de quién era yo realmente por dentro y de cómo quería que fuera mi vida. La música me permitía escapar, aunque fuera temporeramente, de esa vida que estaba viviendo—si puedes llamarlo vivir. Me sentía completamente sólo y aislado en el colegio de Georgia, aún experimentando la misma confusión, falta de pertenencia, y asfixia que sentía en casa, excepto que ahora era peor. "¿Me quedo o me voy?" me preguntaba el grupo musical *The Clash* en las ondas radiales y esa misma pregunta me hacía yo. Pensé, *"No me puedo quedar en este colegio en Georgia"*—quedarme claramente no estaba funcionando. Pero no podía volver a mi casa en Massachussetts debido a lo que ese lugar representaba ahora para mí. Estaba perdido si lo hacía y también si no lo hacía. Sentado en un campo cerca del colegio, contemplaba estos pensamientos y sentimientos e imaginaba al mundo desmoronándose encima de mí. Estaba perdido sin dirección y sin un lugar real que pudiera llamar hogar. Finalmente, me fui de Georgia sabiendo que nunca regresaría, sabiendo que haría lo mejor posible para borrar esas memorias de mi mente, como una mancha en el parabrisas que pudiera limpiarse con un trapo húmedo.

Después de regresar brevemente a Boston, decidí irme a San Diego. En esta ocasión no lo hice para estar con mi padre. Lo hice con la esperanza de encontrarme a mí mismo y reclamar la magia de mi viaje anterior. Me di cuenta que estar siempre alrededor del océano para mí era refrescante y me limpiaba, y ¡vaya que lo necesitaba en esos momentos! Una noche en San Diego, había salido con unos amigos a una fiesta de la universidad cuando conocí a una chica llamada Lisa. Instantáneamente, por primera vez en mi vida, sentí que me enamoré completamente. Lisa nació y se crió en Los Ángeles, y ahora era estudiante en la universidad del estado de San Diego. Durante nuestra relación, pasamos mucho tiempo viajando constantemente entre San Diego y L.A. Su familia me aceptó con los brazos abiertos. Era extrañamente cómodo. Aquí estaba con gente que acababa de conocer, y de alguna forma sentía un gran sentido de conexión y pertenencia. La mamá de Lisa, Carolyn, y yo desarrollamos una relación cercana e intensa. Ella era terapeuta y yo el paciente perfecto. Con tantos problemas para escoger, yo era un menú de oportunidades para perfeccionar y desarrollar sus habilidades como coach. Yo también era bien perceptivo e intuitivo. Yo podía leer a la gente muy bien—es una cualidad que aprendí de mi madre. Yo usaba esta habilidad para reciprocarle el favor a Carolyn. Le di mucha retroalimentación valiosa, coaching, y apoyo. Era una calle de dos vías. Ésta era la primera vez que me preguntaba: Mmmm, ¿tal vez yo podría ser un terapeuta? ¿Será posible hacer una diferencia en la vida de otros? ¿Será este mi verdadero llamado?

Cuando yo tenía 21 años de edad, y vivía en Los Ángeles con Lisa y su madre, Lisa me preguntó si yo quería participar en una graduación de un taller de efectividad personal que su amiga Joelle había completado. Yo dije que sí, pero sólo porque sabía que eso haría feliz a Lisa. La compañía que daba los talleres era Lifespring. En ese momento, nunca antes había escuchado de ellos. Ni siquiera sabía que algo así existía. No tenía la menor idea de cuánto mi vida cambiaría gracias a mi decisión de asistir.

La graduación fue en el Hotel Ambassador, el cual sabía era el lugar donde había sido asesinado Robert Kennedy en 1968. El evento estaba repleto, por lo menos 1,500 invitados. Todo el mundo estaba muy emocionado, llenos de anticipación de entrar al salón. La única ocasión en la que había experimentado algo así era en un concierto de *rock*. Recuerdo distintivamente entrar al salón, donde las luces estaban bajas pero no apagadas, escuchando la canción que tocaban: *Imagine* de John Lennon. Me llené de una emoción sobrecogedora. Antes de que comenzara la graduación, vi hombres abrazándose, amigos y familia celebrando, gente permitiéndose ser vulnerables y auténticos, gente expresando sinceros sentimientos de gratitud y amor, todo mientras las letra de la canción *Imagine* sonaba en el fondo. Ésta era mi canción favorita. Las palabras significaban tanto para mí que incluso la frase, "Tal vez pienses que soy un soñador, pero no soy el único", aparecían bajo mi foto en el anuario de la escuela. Parado allí en la graduación, no podía creer de lo que estaba siendo testigo y lo que estaba experimentando. Sentía una profunda emoción y un fuerte sentimiento de vulnerabilidad. Tanto así, que me ahogaba con mis lágrimas. Como nunca había experimentado algo así, no creí que podía manejarlo. No quería que alguien me viera llorar; necesitaba mantener mi compostura y control. Rápidamente salí del salón al lobby buscando un espacio para respirar. Esperaba que nadie me viera así. ¿Por qué? Estaba seguro que si alguien me viera así en este estado vulnerable me juzgaría y consecuentemente me rechazaría. Nadie me había entendido hasta ese momento, ¿por qué me entenderían ahora? O por lo menos eso fue lo que pensé.

Claramente algo increíble estaba pasándole a la gente que participó en el taller, y yo tanto quería eso para mí mismo, pero no me daba el permiso de creer que era posible para mí también. En aquel momento, mis sentimientos eran muy difíciles de comprender, estaba sobre emocionado y era difícil hablar con Lisa o alguien más. Cuando se acabó la graduación, Lisa salió del salón llena de emoción por su amiga Joelle. Estaba tan emocionada que me dijo que iría al siguiente taller y que tal vez podíamos ir juntos. Aunque me mostré tranquilo, pretendiendo que estaba sólo ligeramente impactado, tenía mucho temor de admitir que desesperadamente quería ir. Estaba escondiendo mis verdaderos sentimientos y le dije que ella debería ir al taller, añadiendo que ella lo necesitaba. La conversación no salió como lo había imaginado. Como siempre, me saboteé, y lamentablemente la lastimé tanto a ella como a mí mismo. Lisa fue al siguiente taller sin mí y salió completamente transformada, como nunca antes la había visto. Se convirtió de una persona tímida, insegura y miedosa en una que tomaba riesgos, hablaba y era dueña de su voz. ¡Qué tonto fui! Verme bien y actuar arrogantemente fue más importante para mí que ir al taller con Lisa y tener la misma de experiencia de vida profunda. Otra oportunidad perdida.

Finalmente, en marzo de 1986, tomé el primer paso para iniciar mi transformación personal: Entré al taller de introducción llamado el Taller Básico, con Lifespring. Aunque mi taller comenzaba el miércoles en esa noche de marzo, mi jornada empezó la noche que asistí a la graduación de Joelle con mi novia Lisa. En la graduación, inicié el proceso de conectar con la vida que yo realmente quería, primero descubriendo y sacando a flote lo que me impedía tener esa vida. Recuerdo la primera noche del taller vívidamente. El nombre de mi entrenador era Jack. Él era poderoso, inteligente y cautivador. Desde el principio el taller nos retaba con preguntas que provocaban pensar profundamente. Nos preguntábamos ¿Cuál es mi visión? ¿Cuál es el propósito de mi vida? ¿Qué me detiene? ¿Qué he estado permitiendo que sea más importante que tener lo que quiero? ¿Qué me detiene? ¿Cuáles son las interpretaciones? ¿Cuáles son mis creencias? ¿Cuáles son mis comportamientos repetitivos? ¿Cuáles son los beneficios? ¿Qué precio estoy pagando? ¿Qué precio está pagando la gente de mi vida?

Era como participar en una clase interactiva y altamente relevante de filosofía y psicología que no era abstracta sobre el mundo, sobre ser un ser humano, sobre la sociedad o sobre los hombres y mujeres y sus roles culturales aceptables, sobre teorías o conceptos, etc. ERA SOBRE MÍ, MICHAEL STRASNER. La otra gente a mi alrededor experimentaba las mismas epifanías sobre ellos mismos.

Este primer entrenamiento duró cinco días, el primero en un proceso de entrenamiento de tres partes, una jornada que duraría aproximadamente cuatro meses. Empecé a darme cuenta—aunque no lo entendía completamente o comprendía la magnitud del impacto que Jack tendría en mi vida—que quería adquirir las distinciones, las formas de ser, y la capacidad de entender a la gente y aprender a "coachear" y empoderarlos yo mismo.

Los talleres de Lifespring fueron, y todavía son, las experiencias mas profundas, extraordinarias, transformaciones que he tenido en mi vida. Yo estaba en una calle de una sola vía, destinada a una vida de promesas incompletas y un legado de remordimientos y decepciones. Toma un momento para pensar en las creencias que había inventado de mi pasado. Considera las interpretaciones que había inventado y cómo habían afectado mi lugar en el mundo. ¿Qué pudo haber pasado si no cambiaba el rumbo al que estaba llevando mi vida? A Einstein se le acredita la frase "Locura es hacer la misma cosa una y otra vez esperando un resultado diferente." No digo que yo estaba loco, pero si te detienes a pensarlo, sólo tenemos esta única vida para vivirla. ¿Cómo podemos conformarnos con ser alguien sin rostro, insignificante, un pedazo de carne y hueso de segunda clase?

Interrumpí mi piloto automático, mis creencias, y mis conversaciones limitantes, que al fin transformaba durante el proceso de entrenamiento. A través de ejercicios, juegos, actividades, e interacciones con compañeros estudiantes, así como el coaching de los entrenadores, logré crear un verdadero cambio radical en mí. El entrenamiento me dio la oportunidad de abrir los ojos y ver cómo estaba viviendo mi vida. Me dio la oportunidad de ser completamente honesto, y vulnerable a eso que estaba dirigiendo mis acciones. Llegué al corazón del problema, a la fuente de mi dolor y el sufrimiento innecesario. Dejar ir y soltar el poder que tenía sobre mí. En otras palabras, conscientemente desperté de mi existencia somnolienta. Pude ver claro por primera vez. Me di cuenta que no podía desperdiciar un momento más de mi vida viviendo así. Ni un día más. Estaba harto y absolutamente exhausto con mis historias víctimas. Me estaba marchitando creyendo que era inseguro, pequeño e inadecuado. Ya no podía seguir siendo "el hermano de Larry". En vez de eso, era el momento de convertirme en el capitán de mi barco, el líder de mi vida, el autor de mi futuro. No lo quería hacer porque era lo que querían mis padres, o porque era lo que se "esperaba" que hiciera. Lo quería hacer por mí. Era el momento de reclamar mis regalos, mi autentico ser interior. Quería recuperar los talentos que había enterrado bajo la avalancha de experiencias e interpretaciones pasadas.

Empecé a ver una visión de lo que era posible, tanto en el momento presente como en el futuro. Me declaré a mí mismo que sería un líder en el mundo, alguien que usaría su poder y pasión para hacer una diferencia real en la vida de las personas. De pararme como un líder en un mundo lleno de retos, y convertirme en alguien que formaba parte de la solución, alguien que inclusive podría crear soluciones. Me imaginé uniendo gente. Me comprometí a traer transformación en y por mi familia, a sanar las heridas del pasado para todos nosotros. A dejar ir nuestros problemas históricos y crear un nuevo ambiente, nuevas relaciones, y una nueva forma de relacionarnos uno con el otro. Yo no quería hacer esto sólo para mi familia, sino para todas las familias del mundo que luchaban de la misma manera que la mía.

Con claridad sobre mi visión personal, el camino de mi carrera era obvio. Quería hacer lo que hacia Jack; quería ser un coach y entrenador transformacional. No era otro sueño cualquiera o una fantasía. Era una carrera legítima, no sólo una forma de hacer dinero sino de hacer la diferencia. Lo vi como la forma de manifestar mi visión para otros de la manera más poderosa e impactante. Me movió a hacer la diferencia en el máximo número de vidas, de inmediato. Mientras me desarrollaba como líder, recibía retroalimentación que me confirmaba que estaba en el camino al éxito. Constantemente y consistentemente, escuchaba a la gente decir cosas como, "Michael, tú definitivamente tienes el talento necesario para ser entrenador. Eres un gran coach. Has transformado tu vida. Gracias por darme las herramientas para romper con mis miedos y limitaciones." Al principio, estaba sobrecogido por la retroalimentación. No estaba acostumbrado a escuchar tantos comentarios positivos. Seguía buscando en qué momento se aparecería Larry, para ver si estaban hablándole a él o a alguien más, pero realmente me decían todas esas cosas a *mí*. El impulso se manifestaba en los resultados que producía en otros y en mi experiencia de mí mismo. Los resultados que creaba en mi vida eran el reflejo de mi transformación.

Siempre me ha interesado aprender de líderes significativos, figuras históricas, inventores, filósofos, artistas, y gente de todo tipo—Martin Luther King, Jr.; John F. Kennedy, Gandhi, Amelia Earhart, Thomas Edison, Rosa Parks, Pablo Picasso, Miguel Ángel, Madre Teresa, John Lennon, y muchos más. Aún hoy, busco en ellos inspiración para expandir mis puntos de vista mientras trato de entender su contribución al mundo. La idea de que nosotros, la raza humana y todos los seres vivientes pudiéramos estar conectados, me fascinaba. Mediante un proceso sinergético o una masa crítica, creo que eventualmente suficiente gente se transformará. La teoría de la masa crítica dice que cuando hay una cantidad suficiente para tener un efecto significativo, entonces tal vez la comunidad o la civilización cambiará en masa. Mi visión es crear masa crítica en el mundo para que el mismo se vuelva abundante, pacífico, amoroso, y unido. ¿Quién sabe? Tal vez algún día, seré una de las personas mencionadas, una figura histórica que vivió su vida sirviendo y dando a otros, alguien que dejó un legado digno. Éste es mi epitafio.

Durante mi transformación, cuando abandonado las creencias limitantes e interpretaciones mi pasado, y rediseñé mi punto de vista sobre mí mismo y el mundo a mi alrededor, a los primeros que llamé fue a mis padres. Le abrí el corazón a mi mamá. No sólo dije las palabras "te amo," sino que sentí genuino amor por ella por primera vez en mi vida. La perdoné por las cosas que hizo, las que cosas que no hizo, las cosas que dijo, las cosas que no dijo, y todas las formas en las que yo había percibido me había herido de niño. Me comprometí a desarrollar una relación "diez" con ella desde ese momento. Yo estaba hablando de crear el más alto nivel de relación que yo pudiera imaginar con mi mamá, y era en serio. Nunca antes había hablado con ella de esta forma y los dos estábamos llorando por teléfono mientras yo pronunciaba las palabras. Los dos admitimos que ése era el tipo de relación que siempre habíamos querido. Yo le pedí disculpas por todas las horribles cosas que había dicho en el pasado, tanto a ella como acerca de ella. Me disculpé por mi falta de apreciación por todo lo que ella me había dado, por haber mostrado a toda la familia amor, amor genuino, en la mejor manera que ella sabía mostrarlo. Me di cuenta de que ella nunca me quiso lastimar; ella no tenía ni un sólo hueso malicioso en su cuerpo. Me di cuenta que tenía las manos atadas por las limitaciones de sus propias experiencias pasadas con su familia y su niñez, tal como me había pasado a mí. Es realmente maravilloso cuando tomamos el riesgo con otros, cuando estamos dispuestos a ser honestos y vulnerables con ellos. Es increíble cuán a menudo la otra persona responde exactamente de la misma forma. En vez de arrojarnos insultos, mi mamá y yo estábamos por fin comunicándonos. Estábamos siendo reales uno con el otro. El mayor logro fue el tomar responsabilidad total de mí mismo. Me di cuenta que yo filtraba todo lo que mi mamá decía a través de mis propias experiencias e interpretaciones, y yo tenía la opción de escuchar sus palabras en cualquier forma que yo quisiera. El poder de tomar responsabilidad por nuestras elecciones nos lleva a la libertad. Dejé de ser víctima de mi pasado. Yo era completamente responsable por mi pasado.

El resultado fue abrir un espacio para que mi mamá reclamara su propia responsabilidad y que no solamente me perdonara, sino que se perdonara a sí misma. Inclusive le hablé del testamento que había encontrado hacía años. No sólo la perdoné por haberme dejado fuera del testamento, sino que le dije que entendía por qué lo había hecho. Que inclusive yo mismo me hubiera dejado por fuera del testamento, por la forma en que la traté cuando yo era joven. Pero entonces mi mamá dijo algo que me sorprendió, ella negó que alguna vez hubiera existido un testamento. Perplejo, le dije dónde había encontrado el documento y le di instrucciones de cómo localizar el testamento infame. Ella fue a buscarlo, y cuando lo leyó, lo único que pude hacer fue reírme. *No era un testamento en lo absoluto.* Era un documento que mi mamá y papá escribieron indicando qué hacer con mis hermanitas si mis padres perecieran en un viaje que planeaban tomar. Larry sería responsable de Danielle, mientras que Candide viviría con mi tía y tío hasta que cumpliera 18 años de edad. Eso era todo. Este incidente sirve como ejemplo perfecto del poder de la INTERPRETACIÓN. Cuando yo leí por primera vez esa carta a los quince años, estaba completamente convencido de que no me amaban, que era la indigna oveja negra de nuestra familia, así que por supuesto yo inmediatamente interpreté el documento como un testamento. Cuando por fin descubrí la verdad, fue fácil reírme de mí mismo y mi ego. Sacudí mi cabeza sabiendo cuántos años de innecesario sufrimiento me había atribuido a mí y a mis padres. Me disculpé y le pedí que me perdonara por la narrativa que yo había fabricado en mi cabeza, y ella me perdonó. Ella estaba completamente asombrada con mi comportamiento maduro y mi nueva actitud y perspectiva de la vida. Borrón y cuenta nueva. Desde allí la incorporé en mi visión para mí, para ella, y para toda nuestra familia. Incluso ella estaba lista para transformarse de la misma forma que lo hice yo.

Después de eso tuve la valentía de hablar con mi papá, Bob. Le dije a él las mismas cosas que le había dicho a ella. Le dije que yo estaba comprometido a tener una relación íntima y honesta con él—una en la que pudiéramos abrazarnos y decirnos "te amo" uno al otro. Me sentí tan bien de ser el que iniciara el proceso de abrir nuestros corazones. Era algo que yo siempre había querido, y muy en el fondo, creo que el también lo quería. También le dije que estaba comprometido a enderezar mi vida y mi visión para mi futuro, a vivir mi vida en excelencia, y a honrar mi palabra desde este momento en adelante. En pocas palabras, estaba comprometido a que se sintiera orgulloso de mí. Aunque él dijera que no, aunque me rechazara otra vez como interpreté que había hecho por muchos años, el hecho de que yo tuviera el coraje de declararlo era un gran cambio para mí. Recuerdo que me respondió de forma empatética pero un poco más neutral, probablemente esperanzado y a la vez escéptico de mi visión. Yo no tenía un gran historial de credibilidad, ni con él ni en mi vida en general. Ya que yo rompía mi palabra muy a menudo, no era consistente con mis planes, saltaba de una cosa a la otra, entendí su resistencia a tomar lo que yo estaba diciendo como algo serio. Yo reconocí que él no tenía razón para creerme basado en mi comportamiento en el pasado, pero que éste era un momento nuevo y que pronto vería que mis acciones y comportamientos eran congruentes.

Parte de mi transformación consistió en hacerme dueño de mis resultados, mis errores, y de limpiar los acuerdos rotos que no había resuelto. Él quería creer lo que yo decía, pero necesitaba verlo antes de poder creerlo totalmente. Si estás leyendo esto y mi historia te parece familiar, mi deseo es que encuentres el coraje de tomar similares riesgos y llamar a ese padre o madre u otro miembro de la familia con quien nunca has tenido una conexión genuina, pero siempre has deseado tenerla. Si nunca has sentido ese afecto de tu madre o padre, nunca viste a tus padres abrazarte y decirte te amo, te debes a ti mismo tomarte la oportunidad y hacerles saber cómo te sientes. Si todavía están vivos en este mundo, entonces no es demasiado tarde.

En fin, hubo muchos pasos en mi jornada de transformación que me permitieron manejar mi pasado. No sólo reconcilié y resolví los asuntos pendientes con mi padre, Roger, pero como me transformé, hemos desarrollado un amor profundo, lleno de apreciación y entendimiento uno por el otro. Su nivel de interés y envolvimiento en mi vida han sido consistentes, algo que yo siempre había querido. A través de mi disposición de dejar ir mi percepción de "lo que pasó," he sido capaz de usar mi poder y confianza para forjar e inventar una "relación esencial" con él. Ahora puedo celebrar todos los regalos que él tiene para dar; su maravilloso sentido del humor, aceptación de todo tipo de persona, esa naturaleza calmada, su espíritu joven y su increíble sentido de aventura.

En cuanto a los eventos emocionalmente cargados y ejemplos que mencioné anteriormente sobre mi niñez, estoy completamente claro que hay varios ángulos y muchas interpretaciones envueltas en cada situación. Si yo hiciera una encuesta entre mis padres y hermanos, su recuerdo de cada evento, y sus interpretaciones subsecuentes, los sentimientos y el impacto que tuvieron, estoy seguro, que cada caso sería único, y completamente distinto a mi interpretación. Sería inútil e innecesario explorar y explicar la versión individual de todos en cada uno de los eventos. Es suficiente decir que yo soy dueño de mis interpretaciones y percepciones y no las veo ni como hechos ni como verdaderas.

Mis creencias fueron generadas como una suma total de mi ego y mi propia necesidad de tener la razón de que lo que había imaginado era verdad, y esta interpretación es la más importante ya que es la que me ha permitido darme cuenta de la mayor parte de la información en la calidad de cada una de estas relaciones.

Al dejar ir las viejas interpretaciones y creencias aprendí a descartar la etiqueta de "el hermano de Larry," o alguien más. Más bien, aprendí a ser mi auténtico ser. Solté el vivir la vida como si no importara, y aprendí el significado de *dirigir*, empezando con dirigirme a mí mismo. Aprendí a rediseñar mi actitud, y en el proceso, alteré las decisiones que estaba tomando y que habían impactado todas mis relaciones. Desde aquel importante periodo de descubrimiento y crecimiento, he estado viviendo guiado por mi visión y viviendo ante la creencia de que puedo crear lo que yo quiera, lo que sea que declare. Mi pasado yo no determina mi futuro.

Estoy seguro que hay personas que han crecido en circunstancias que fueron igual o más retadoras que las mías. Como sea, yo no me veo ni a mí, ni a mi pasado, como mejor o peor que la historia de otros. Yo me veo como un ejemplo de lo que es posible para todos cuando aprendemos a usar nuestras mentes, nuestros corazones, nuestra sabiduría, para crear mayores posibilidades de las que previamente creíamos estaban disponibles para nosotros. Muchos de nosotros hemos experimentado el desperdicio de nuestros talentos, nuestros dones, y nuestro extraordinario potencial al permitir que creencias y pensamientos destructivos nos detengan, nos estanquen, y eventualmente debilitar o sabotear aquello que somos completamente capaces de crear.

Alrededor de un año después, en enero de 1987, empecé a trabajar para la Corporación Lifespring y a desarrollarme como entrenador y coach—tal y como lo había imaginado en la primera noche de mi primer entrenamiento. Básicamente yo era el más bajo en la escala cuando empecé en mi posición de ventas. Me dije, "No me importa lo que tenga que hacer o lo que vaya a tomar, quiero convertirme en un máster líder, un modelo a seguir, un ser humano que la gente respete, admire y que busquen."

Trabajé duro y me desarrollé rigurosamente. Después de tres meses, me promovieron a una posición más alta y continué adquiriendo puestos más elevados dentro de la compañía a través de varios años. Logré alcanzar los más altos niveles de éxito rápidamente y sobrepasé las expectativas de todos los trabajos y posiciones. Rompí récords en la producción de resultados y a menudo no ejercía una sola posición, sino dos a la misma vez. Mi salario aumentaba cada año, con aumentos que reflejaban la excelencia de mi desempeño.

A los 25 años de edad, me nombraron gerente de mi propio centro de negocio en Fort Lauderdale, Florida. Cuando lo tomé, el centro estaba en la posición número 11 entre 12 centros, o sea penúltimo. Me dieron seis meses para llevarlo de números rojos a números negros, o Lifespring cerraría esas oficinas. El presidente de la compañía, John Hanley, me dijo que no quería desperdiciar mi talento y habilidades en un centro que no estaba siendo exitoso y que no producía ganancias desde que había abierto hacia tres años. Él me dio la oportunidad de demostrar lo que yo podía hacer, y la diferencia que yo realmente podía hacer. Dependía 100% de mí—mi responsabilidad y mi oportunidad.

Nunca olvidaré mi primer día de trabajo en Fort Lauderdale. Tuvimos una reunión e invitamos a toda la gente que trabajaba en la oficina a ayudar a levantar y crear el éxito. Me paré frente a todos a los 25 años de edad (inclusive apenas tenía algo que rasurar, y aparentaba un chico de 18 años), y declaré mi visión. Dije de manera enfática, "Yo declaro que nuestro centro de Florida es el centro número uno de todo Lifespring, de este momento en adelante." Lo dije no porque hubiera una evidencia clara o alguna razón lógica para creer que realmente pasaría, pero sólo porque *yo lo digo*. Estaba parado en las Ramas Altas, declarando desde la visión que había creado en mi mente: Yo creí con todo mi corazón que trabajando junto a los empleados y los voluntarios, podríamos lograr grandes cosas. Esta declaración fue hecha independientemente de las circunstancias, de la historia, de tres años de resultados mediocres, y una total falta de fe en la posibilidad de lograrlo. Antes, en mi pasado, yo pensaba muy poco sobre mí, siempre poniendo excusas y pensando "Yo no puedo, no es posible, no lo merezco." Yo estaba peleando por tener la razón acerca de esas percepciones limitantes. Pero ahora había transformado esas creencias en auto-confianza. Ahora pensaba, "Lo que sea que yo diga, lo puedo hacer." Esto no venía desde un espacio de ego o arrogancia, o disfrazado de una necesidad de auto aprobación. Yo simplemente me estaba adueñando del poder de mi palabra y mi visión para hacerla real. Mi enfoque estaba simplemente enfocado en lo que podía ser.

En mi discurso, había imaginado la posibilidad de transformar la comunidad de Florida de un lugar a donde la gente iba a jubilarse y completar los últimos capítulos de su vida, a un lugar donde la gente vive, prospera, e inventa nuevas posibilidades para hacer una diferencia significativa en la calidad de sus vidas. Soñé con transformar a Florida en un paraíso de belleza tropical donde la gente quería vivir, no morir. Empezaríamos con la gente que más amábamos, y luego lo extenderíamos hacia nuestros amigos, compañeros de trabajo, vecinos, a la gente de los otros pueblos de la ciudad, hasta que alcanzáramos a todos en el mundo. Nosotros crearíamos un ejemplo que brillaría para que otros lo siguieran. Las otras personas en el salón se inspiraron como nunca antes. Me rodeé de líderes con la misma mentalidad, maniáticos en una misión. Éstas eran personas a quienes les importaban los demás, y confiaban tanto en la visión y éxito de la empresa como si ellos fueran los dueños. Con el tiempo, contraté y entrené docenas de líderes y socios para trabajar junto a mí. Nuestra relación no existía solamente en el área de negocios—nos tratábamos como familia. Nos amábamos. Fuimos a las bodas de nuestros compañeros y a sus cumpleaños. Celebrábamos los nacimientos de nuestros hijos juntos, y en algunas tristes ocasiones, atendíamos el funeral de nuestros amados. Peleábamos uno *por* el otro, no uno *contra* el otro. Luchábamos por las posibilidades, por nuestros estudiantes y por nosotros mismos. Mi centro en Fort Lauderdale se convirtió en el centro número uno en un año. Fuimos de rojo a negro. Le volamos la tapa a todas las expectativas financieras.

Mis superiores, colegas, compañeros, empleados, y los más importantes de todos—nuestros estudiantes—me honraban. A los veintisiete años, me promovieron a Director de Entrenamiento Nacional. La compañía enviaba a todos los nuevos prospectos de empleados a trabajar específicamente conmigo y mi maravilloso personal de oficina. Ellos esperaban que nosotros los entrenáramos, coacheáramos y los desarrolláramos para que pudieran tener el mismo nivel de éxito y efectividad que yo estaba produciendo en mi centro. Esto era un gran honor para mí. No sólo estaba logrando el éxito y recibiendo los elogios que quería en mi trabajo, también estaba empezando a recibir los reconocimientos que siempre quise de mi familia.

En esos años, recuerdo haber tenido una conversación con mi papá, Bob. Él me dijo que durante una conversación familiar, le había hecho una de sus preguntas infames a mi madre, Larry, Danielle, y Candide. "Si estuviéramos atrapados en una isla, y tuvieran que elegir quién debería ser el líder de nuestra familia, a quién escogerían?" Me sorprendió enormemente cuando Bob me dijo que la familia me había elegido unánimemente. ¿Cómo? ¿A mí? ¿Pasé del sótano al penthouse? ¿Sería esto realmente posible? Pero espera un momento, ¿y qué pasó con Larry? Él es el "príncipe perfecto," ¿no es así?

Cuando yo digo que la transformación es posible, les digo que la transformación es *realmente* posible. Si yo pude crear y hacer lo que he podido hacer en mi propia vida, entonces cualquiera puede hacerlo. No sólo lo creía como resultado de mis propias experiencias, sino por las miles de personas que he coacheado durante los últimos 30 años que han disfrutado los mismos resultados. ¿Cuántas personas piensan que tienen que comerse la comida antes de que se le permita comer postre? La vida no consiste solamente en luchar, trabajar, y superar cargas y obligaciones. Tú no tienes que sufrir a través de los mejores años de tu vida sin permitirte oler las rosas durante el camino. Tal vez piensas que puedes experimentar gozo, abundancia, y una vida tranquila hasta que pagues tu deuda. Pero podrías estar equivocado, porque la calidad de tu vida se iría a pique mas rápido que una bola de nieve bajando por la montaña. Antes de que te des cuenta, se terminó. El juego se acabó, partido terminado.

Durante los casi 10 años que trabajé con Lifespring, me convertí en el coach y entrenador número uno en la compañía, y las oportunidades se me presentaban como nunca antes. Envisioné tener mi propia compañía y subirme a Las Ramas Más Altas una vez más. Estaba consciente de que estaría tomando un gran riesgo. Después de todo el 98% de todas las compañías nuevas fracasan y cierran en los dos primeros años de haber abierto. ¿Realmente quería yo dejar una carrera ya establecida, una credibilidad recién encontrada, y por encima de todo una vida cómoda? Pero ya había logrado todo lo imaginado dentro de la compañía y me había destacado en todos los niveles. Con alta autoconfianza y mis historias limitantes del pasado fuera de mi vida, me vi como un empresario en ciernes.

Así que, en 1977, dejé la seguridad de Lifespring y empecé mi propia compañía. Mi nueva compañía, Direct Impact (Impacto Vital), fue una de las primeras compañías en el mundo en ofrecer Coach Ejecutivo, Organizacional, Transformación, y Coaching Personal. En mi primer año de negocios, trabajé con empresas de todo nivel: Compañías Fortune 500, medianas, y mi favorita, aquellos que estaban iniciando sus empresas como empresarios. Yo coacheé y ayudé a estos poderosos, influyentes dueños, CEOs, y presidentes de compañías a crear resultados extraordinarios en sus vidas profesionales y personales. Durante los últimos 20 años, he coacheado y trabajado con docenas de organizaciones para crear liderazgo, visiones de empresas, equipos campeones, ganancias, nuevos productos y servicios, habilidades de comunicación, resolución de conflicto, inspiración, motivación, entrenamiento en ventas, y planificación estratégica. He ayudado a contratar e identificar futuras estrellas, a desarrollar habilidades maestras de hablar en público, ofreciendo poderosa retroalimentación, y como miembro de juntas directivas.

En el 2004, empecé otra empresa como mi socio, otro entrenador, y buen amigo Chris Lee. Se llama Impacto Vital, al servicio en el país de Puerto Rico. Impacto Vital es la compañía de transformación número uno en la isla y lo ha sido por más de 10 años. Hemos tenido alrededor de 10,000 estudiantes tomando nuestras clases de desarrollo de liderazgo. Desde nuestro Centro en Puerto Rico abrimos oficinas en Santo Domingo, la República Dominicana, Ciudad de Méjico, Méjico; Guadalajara, Méjico; Miami, Florida; Denver, Colorado; y New York, New York. Hemos entrenado y formado docenas de entrenadores y coaches para convertirse en expertos en nuestra tecnología de coaching y ellos ahora están trabajando y sirviendo comunidades y países en todas partes del mundo. Trabajar con Chris es, y ha sido, uno de los grandes gozos y logros de mi vida. Pasé de ser su coach, a ser su mentor, y convertirme en su buen amigo. Ahora es mi socio y mi colega. ¡Qué maravilloso es ese sentimiento que sentimos cuando sostenemos a la gente su máxima posibilidad, y ellos brillan como estrellas!

Vivir Desde Las Ramas Más Altas cambió mi vida. Ahora vivo una vida de visión y coraje. Tomo riesgos en mis relaciones y en mi carrera. Hago lo que es incómodo, lo cual nos conduce a una mejor salud física, abundancia financiera, y habilidad para contribuir a otros. Yo no me siento a deleitarme en éxitos pasados. Vivo en el presente.

Siempre me estoy preguntando: ¿Quién puedo ser hoy? ¿Qué puedo hacer hoy? ¿Qué estoy comprometido en crear hoy? Cuando estoy en Las Ramas Más Altas, sé que estoy vivo porque estoy experimentando la vida en su plenitud. La mayoría de las personas meramente existen; no están realmente vivas. La mayoría de las personas están meramente sobreviviendo, no expandiéndose. La mayoría de la gente está respirando, comiendo, y durmiendo, todo lo que es necesario para sobrevivir, pero no suficiente para realmente *vivir*.

Cuando estás en Las Ramas Más Altas de la vida, *estás* vivo. Puedes sentir cada célula de tu cuerpo. Puedes sentir tu corazón palpitar, los vellos en tu piel. Puedes sentir el aire que expande tus pulmones y sentir como te nutre el oxígeno que respiras. En esos momentos, puedes imaginar y ver cada posibilidad. Puedes ver el bosque *y* los árboles, y puedes apreciarlos a ambos. Puedes ver un futuro infinito y sin límites desde tu lugar en Las Ramas Más Altas. Puedes estar más cerca de las estrellas y estar completamente conectado con tus propias células al mismo tiempo. Puedes empezar a vivir sin precedentes porque has removido las limitaciones reales y percibidas, que antes eran barreras impenetrables.

Cuando vives Desde Las Ramas Más Altas, estás inventando; estás creando; estás apasionado por tu visión y completamente vulnerable a ella. Tu corazón está abierto. Vas tras lo que es realmente importante para ti con urgencia, y te das cuenta que la vida es *ahora*. No sólo estás pensando en lo que tú quieres, simplemente procrastinando y considerando la posibilidad. Existes en un modo de acción comprometida, estás *arriesgándote*. Vivir Desde Las Ramas Más Altas consiste en estar al 100% en un estado de consistente y riguroso riesgo.

Tu Vida Desde Las Ramas Más Altas consiste en tratar de tener la creencia genuina de que todos tienen sueños, y que cada uno tiene la capacidad de hacer esos sueños realidad. Desafortunadamente, soñamos la mayor parte del tiempo cuando estamos dormidos. El triste hecho es que la mayoría de nosotros seguimos dormidos durante el día. Metafóricamente hablando, estamos dormidos al volante y usando el piloto automático para navegar nuestra vida. Piloto automático no es necesariamente algo malo. Está bien. Pero, ¿cuántas personas han sido condicionadas a creer que la mediocridad es una forma de vida aceptable? La típica respuesta a la pregunta, "¿Cómo estás?" ahora es, "Estoy bien, gracias." Si la gente realmente supiera lo que es posible para ellos en sus vidas, no hay forma de que estuvieran bien con "estar bien." Si estuvieran conscientes de las elecciones que están tomando y las formas en que se están limitando, no estarían bien. El piloto automático no llena ni satisface a los seres humanos con sueños y futuras posibilidades.

Nadie quiere estar en un matrimonio que está simplemente *bien*. Nadie quiere que sus hijos estén *bien*. Describir tu experiencia de vida y el vivir algo que *está bien*, es honestamente cualquier cosa menos algo que *está bien*. La oportunidad de vivir Desde Las Ramas Más Altas es experimentar en nuestro cuerpo la verdadera esencia de vivir la vida de la manera más alta posible. Es vivir en excelencia.

Piensa en ti como la estrella de una película. Esa película se llama TU VIDA. Tú no eres un extra, apenas entrando casi al final.

Tú eres un campeón, y los campeones siempre juegan a ganar. Tal vez no puedas jugar baloncesto como el jugador estrella de la NBA LeBron James. Pero puedes operar desde un contexto similar de visión, excelencia, dedicación, y determinación. Cuando él tenía 10 años él sabía que algún día sería el mejor jugador de baloncesto del mundo, y campeón mundial. ¿Cómo le ha ido a LeBron hasta ahora?

Como dijo Mark Twain, "Esforcémonos en vivir de tal forma que cuando vayamos a morir, hasta el sepulturero sienta pena".

**TU TURNO DE VIVIR ES AHORA.**

## Capítulo Dos

# EMPODÉRATE

CREAR UNA VIDA QUE VALE LA PENA VIVIR empieza cuando te reconoces y confrontas a ti mismo honestamente. Necesitas estar dispuesto a decir la verdad, toda la verdad, nada más que la verdad. Durante este proceso de reconocimiento, debes experimentar y confrontar las creencias escondidas, las conversaciones, interpretaciones y pensamientos que te llevan a tomar decisiones y elegir lo que eliges. Para poder empoderarte, primero tienes que prestarle atención a lo que te está deteniendo. En otras palabras, ¿qué te está impidiendo empoderarte?

Considera esto: Cuando nacemos, venimos a un mundo con el canvas en blanco, un tablero limpio sin creencias o interpretaciones fijas. Somos completamente vulnerable y abiertos. Vemos el mundo a través de nuestra claridad; somos esponjas absorbiendo el mundo que nos rodea. Usamos todos nuestros sentidos totalmente: nuestra visión, olfato, oído, paladar y tacto. El filósofo alemán Immanuel Kant creía que nuestra habilidad para entender el mundo a nuestro alrededor comienza con la visión a través de nuestro lente individual. Nuestros sentidos no están completamente desarrollados cuando nacemos y mientras crecemos físicamente, en altura y peso, también crecemos mentalmente, en la forma en que funciona nuestro cerebro y en nuestra habilidad para discernir la constante información que estamos recibiendo.

Inicialmente, no tenemos juicios, no tenemos limitaciones, ni opiniones, ni puntos de vista. Somos meramente seres humanos que no hacen otra cosa sino absorber. No tenemos filtros ni habilidad para procesar la información que estamos recibiendo. Bien temprano aprendemos a recibir alimentación, cómo llamar la atención, y cómo comunicar aunque no tenemos todavía las palabras o la habilidad de completar oraciones. Aprendemos quiénes son nuestros padres y hermanos, y por supuesto, cuál es nuestro nombre. Y ¿Qué nos pertenece? Para un recién nacido, absolutamente todo.

En nuestros primeros años, desarrollamos un entendimiento de las palabras y del lenguaje en si. Aprender a hablar obviamente nos ayuda a comunicar lo que queremos, lo que necesitamos, y nuestros miedos. Es una herramienta esencial para comunicar esta maravillosa curiosidad que estamos experimentando. ¿Cuán importante es nuestra habilidad para comunicar? El físico teorético Stephen Hawking dijo, "Por millones de años, el humano vivía como los animales. Entonces algo pasó que desató nuestro poder de la imaginación. Aprendimos a hablar y a escuchar. El habla nos ha permitido el comunicar ideas, llevándonos a trabajar en equipo para crear lo imposible." Cuando somos niños, la vida está llena de sorpresas, y nuevos descubrimientos surgen cada día. Estamos fascinados por la vida y por el mundo en el vivimos. Al igual que Colón descubrió el Nuevo Mundo, nosotros descubríamos *nuestro* nuevo mundo.

Mientras pasamos por el proceso de convertimos en seres humanos, nuestros cuerpos están creciendo, y nuestra habilidad para interpretar y descifrar información se está desarrollando. Durante este tiempo, empezamos a construir lo que los psicólogos llaman la "zona cómoda." A través de sus investigaciones, los expertos han llegado a la abrumadora conclusión de que cuando alcanzamos los 7 años de edad, ya hemos diseñado la mayor parte de la estructura de nuestra zona cómoda. Ellos creen que para esa edad, ya hemos inventado esta auto-realización y nuestra propia caja de auto limitaciones. Esencialmente, pasaremos el resto de nuestras vidas reforzando las creencias e interpretaciones que nos mantienen en esa caja. Observa tu vida ahora mismo. ¿Qué te están diciendo tus creencias sobre ti? ¿Qué creencias tienes que te mantienen dentro de tu zona cómoda? ¿De dónde vienen esas creencias? ¿Cómo es que tu zona cómoda distorsiona tu visión del mundo que existe fuera de ti? Considerando lo que es posible en nuestras vidas, ¿por qué eliges vivir en cualquier tipo de caja, por la razón que fuera?

Una vez hemos creado nuestras zonas cómodas y las creencias que nos mantienen allí dentro, toda y cada una de nuestras experiencias, decisiones, y momentos están ahora filtrados a través de nuestra zona cómoda y esas mismas creencias. Imagínate unos espaguetis en un colador y visualiza el agua pasando por los huecos. Ahora imagínate la vida y todas sus maravillas siendo filtradas por este mismo proceso. La información ya no es neutral—está distorsionada por las creencias. El famoso físico Heisenberg creó El Principio de la Incertidumbre, que dice algo así... que mientras más precisa se determine la posición de alguna partícula, menos precisa su velocidad será conocida, y viceversa. ¿Será realmente posible mantener objetividad y neutralidad y a la vez ser influenciado por nuestras propias creencias? ¿Qué tal si la verdad no es realmente *la verdad*—qué tal si es *una* verdad o *tu* verdad...? Las interpretaciones y las creencias son creadas como un mecanismo de defensa, una reacción a nuestras experiencias y los eventos significativos de nuestras vidas. Nos decimos que el espacio dentro de nuestra caja es seguro, mientras que el mundo fuera de la caja da miedo y es peligroso. Tal vez recuerdes el robot de la serie de televisión de los 70s, el clásico Perdidos en el Espacio (*Lost in Space*), repitiendo la misma frase en cada episodio: "¡Advertencia, Will Robinson, peligro, peligro!" Ésta es la voz interna de tu zona cómoda.

Otra forma de verlo es, a los siete años de edad ya estamos operando desde nuestra zona cómoda. Otra palara que puedes usar para nuestra zona cómoda es EGO. Ambas se refieren a lo mismo. Todos tenemos un ego y a menudo la gente malinterpreta su significado. Dicen, "tal cuál tiene un ego bien grande." Sí, una forma del ego es arrogante: un sentido de superioridad, la idea de que siempre tienes la razón, que tú eres mejor y más inteligente que otras personas. Pero la definición de ego en el campo de la psicología es mucho más común y básico, y es una enfermedad que todos compartimos. El ego es una parte de nosotros separada y aislada. Es ver al mundo separado de ti. También te hace verte a ti separado del mundo que te rodea, y diferente de los demás: *Yo soy yo, tú eres tú, y no somos lo mismo.* Somos individuos. En las primeras fases en el desarrollo de estos pensamientos de separación de otros y del mundo que nos rodea, el ego no es algo negativo. No lo vemos como una limitación porque estamos muy jóvenes para entender nuestros pensamientos y comprender su significado y efectos. Eramos sólo unos chiquillos. ¿Cómo íbamos a saber?

Con el tiempo, en lo que crecemos, la zona cómoda, nuestro ego se empieza a sentir como una pared imaginaria a nuestro alrededor. Las paredes se refuerzan primera y específicamente por los eventos que nos causan la experiencia de dolor y de sentimientos heridos. Yo me refiero a esos eventos como "botones." Un botón es un evento en nuestras vidas que automáticamente dispara un cierto grado de reacción emocional. Esta emoción puede ser de dolor, tristeza, enojo, frustración, culpa, vergüenza, resentimiento, culpa, amargura, o inseguridad, y por lo regular nos lleva a un fuerte deseo de apagarnos, desconectarnos, y evadir. Aprendemos a evadir de muchas formas. Por ejemplo, podemos evadir el dolor y la pena trabajando, durmiendo, viendo televisión, comiendo, pasando tiempo en la Internet, limpiando, tomando, hablando por teléfono, tratando problemas de otros, chismeando, ocupándonos con el sexo, con drogas, etc. ¿En qué formas intentas evadir en tu vida? ¿Qué es lo que estás evadiendo?

Otros botones pueden haber sido tu posición como hijo mayor, o el del medio, o el "bebé" de la familia. Otro pudo haber sido ver a tus padres discutir o pelear, o haber sido criticado o destruido por cada cosa pequeña. Tal vez se rieron de ti en la escuela. Tal vez tus padres se divorciaron, no te aceptaron en el equipo deportivo, tus maestros fueron fuertes contigo en la escuela, o te intimidaron (bully). O tal vez no tuviste suficiente atención como niño porque tenías una familia grande y tus padres estaban ocupados todo el tiempo. Tal vez tu familia se mudó muchas veces. Tal vez fuiste juzgado porque eras diferente a los demás: diferente color de piel, religión, cultura, acento, ropa. Tal vez simplemente eras distinto a lo "normal." Todas estas experiencias contribuyeron a formar tus creencias limitantes. Toma un momento para pensar en cuáles son tus creencias limitantes más dominantes. ¿Cuándo fue la primera vez que pensaste o sentiste eso? ¿Cuál fue el evento específico o la experiencia que lo despertó? ¿Quién estuvo presente en el evento? ¿Cómo te sentiste? ¿Qué decidiste acerca de ti? ¿Qué decidiste sobre la gente que participó? Escribe la respuesta a estas preguntas. Toma todo el tiempo que necesites. Toma nota de cualquier fuerte emoción que experimentes. Tienes pleno permiso para sentir tu emoción, cualquiera que sea. No sólo es bueno sentirla, es esencial en el proceso de la creación a una transformación genuina. Cuando estés listo, continúa leyendo.

Para algunos de ustedes, hay eventos aún mucho más significativos que los que han discutido. Estos son considerados eventos traumáticos. Un evento "bandera roja." Este tipo de eventos, principalmente los ocurridos durante los primeros años de la niñez, son los que tienen el mayor impacto en nuestra zona cómoda y nuestras creencias limitantes. Sin una sesión de coaching poderosa, la intervención de un terapeuta, o una experiencia de entrenamiento transformacional, estas creencias limitantes podrían a menudo ser permanentes.

Algunos ejemplos de traumas tipo "bandera roja" pueden ser la muerte de un familiar; abuso físico, mental, verbal, emocional y/o sexual; o alcoholismo y adicción a las drogas la mayoría de estas ofensas cometidas por tu mamá, papá, o ambos. Aún con lo doloroso, incómodo, y vergonzoso que pueda ser, piensa si occurrieron eventos traumáticos durante tus primeros años formativos. ¿Qué edad tenías cuando ocurrieron? ¿Quién estaba involucrado? ¿Qué decidiste sobre ti cuando ocurrió? ¿Qué decidiste acerca de otros como resultado de estos traumas? ¿Cuáles son las creencias que formaste sobre los hombres, las mujeres, la gente en general, y el mundo en general?

Quiero que dibujes una caja en un papel con un símbolo en el centro. Ese símbolo te representa a ti, el auténtico tú. Esta es la versión de ti que nació en este mundo con infinitas posibilidades. Ahora, escribe todas tus creencias limitantes dentro de la caja, y piensa en cómo todas esas creencias te impiden disfrutar lo que quieres en la vida. Tal vez estés pensando, "No soy suficiente. No soy lo suficientemente inteligente. Soy estúpido. Algo está mal conmigo. No encajo. No pertenezco. No confío. No puedo. Estoy solo." O tal vez tienes inclusive una interpretación mas agresiva y destructiva: "Me odio. No hay nada que alguien pueda amar en mí. Soy indigno. Soy sucio. Mi vida no importa. Mi madre es horrible y mala. Mi padre no tiene corazón ni sentimientos. Mi mamá es egoísta. A mi padre no le importamos para nada. Nunca tendré éxito."

Con el tiempo, estas interpretaciones dejan de ser flexibles. Se convierten en algo permanente y fijo como si fueran hechos verdaderos para nosotros. Tomamos las experiencias que resultan de estos eventos y las convertimos en interpretaciones rígidas. Durante este proceso, no sólo formamos nuestro ego sino también nuestras "conversaciones desde el ego," y ahora todo lo que pase en nuestra vida está filtrado a través de esas creencias que hemos creado.

Una vez creamos el ego, lo reforzamos con cada año que pasa. La vida va cada vez más rápido. Mira hacia atrás en tus años de adolescencia y recuerda cómo reforzaste las creencias que ya habías creado. Por ejemplo, a los dieciséis, había una chica que te atraía, y querías pedirle que saliera contigo. ¿Recuerdas la agonía por la que te hiciste pasar? "¿Y si me dice que no? Quedaré destrozado. ¿Y si me rechaza?" Todos tus miedos estaban revoloteando dentro de ti. ¿De dónde venían esos miedos? Vienen de tus experiencias pasadas y de tu interpretación de los eventos de tu vida. En ocasiones, probablemente tenías muchas voces en tu cabeza, tal vez llegaste a pensar que estabas loco, tal y como lo hice yo. Las voces decían: "No le voy a gustar a ella. No soy suficiente. No soy suficientemente inteligente. No soy lo suficientemente guapo. No me van a amar. Yo le gustaría de mi si yo fuera más como Larry." Tal vez querías ser doctor, pero nadie en tu familia había ido a la universidad. Y venían las voces: "No soy digno. No puedo. No es posible. No podemos pagarlo. Tal vez mejor me conformo con ser enfermera; es más práctico y lógico. Soy mujer y el camino es mas difícil para mí."

Tal vez soñabas con ser atleta profesional, astronauta, piloto, dueño de negocio, o un empresario rico y exitoso. No importa lo que soñabas, con el tiempo desarrollaste tu zona cómoda y ego, y tu futuro ya había sido determinado ¿adivina por quién? POR TI! Puedes culpar a tu mamá y papá, a tu hermano, hombre o mujer en general, al mundo entero, pero nada de eso nunca hará la diferencia. No cambiará la situación en la que te encuentras. Lo único que resultará de andar señalando a otros será darte la "razón." ¿Qué es lo más importante para ti? ¿Tener la razón o tener la vida que quieres?

El primer paso para crear una vida que valga la pena vivir es darte cuenta que todo lo que vemos, pensamos, sentimos, tocamos, probamos, y escuchamos, está sujeto a interpretación. Todo es una conversación, no un hecho. Hace cientos de años atrás, los europeos pensaban que la tierra era plana. Esa creencia limitó la forma en que vivían y las opciones que tenían a su disponibilidad. La realidad es una invención de nuestra imaginación. Nosotros inventamos nuestra propia realidad. El honor y el privilegio de ser un ser humano es el poder de transformar nuestra propia realidad y crear nuevas opciones en nuestras vidas.

He vivido lo suficiente para haber visto el primer hombre llegar a la luna, para haber visto el lanzamiento del *space shuttle* y saber que ahora lo van a retirar. ¿Quién hubiera creído que en los últimos 30 años la NASA tendría dificultades obteniendo los fondos necesarios para continuar operando? El poder de nuestra habilidad para convencernos a nosotros mismos y a otros sea de lo que sea es tanto emocionante como temeroso a la misma vez. El poder de la interpretación es como una espada de doble filo.

Empecemos de nuevo. Usemos nuestras voces internas a nuestro favor, para que trabajen *para* nosotros en vez de en *contra* de nosotros. Alineemos nuestros pensamientos privados con nuestra comunicación pública. Algunas personas son humildes y muy conscientes de sí mismas cuando se trata de afirmar quiénes son y qué quieren. Lo que ocurre con el miedo es que es sólo eso. El miedo al ridículo, el miedo al fracaso, parecen real, pero son imaginarios. Necesitamos crear fortaleza interna para adquirir el poder de superar esos miedos. Esta fortaleza te permitirá pararte ante la crítica y el juicio de los negativos y los que percibimos como siempre diciendo que no.

Nunca podrás alcanzar o moverte en Las Ramas Más Altas si tienes miedo a lo que otros dirán. Nunca lograrás la vida que te hará feliz a *ti* conformándote con la opinión de las masas. Debes adueñarte de tus propios deseos y propulsar tus sueños. El primer paso es darte a ti mismo el poder, la voluntad, y el permiso de desear una vida que valga la pena vivir. Sólo entonces podrás hacer lo que se requiere para finalmente lograr esa vida. Tu voz interna usualmente iniciará con un juicio, una crítica, o miedo, que entonces te prohíbe crear lo que quieres. Necesitamos interrumpir el piloto automático de esa pequeña voz. Necesitamos darnos cuenta que somos responsables del contenido de los mensajes que entran y salen de nuestra mente. Como humanos, podemos ser mentalmente perezosos. A menudo, permitimos que nos trague el constante desempoderamiento de nuestro diálogo interno. Para empezar lo reforzamos y lo facilitamos simplemente por permitirle que exista. El filósofo Martin Heidegger dijo, "El hombre actúa como si fuera el que moldea y se enseñorea del lenguaje, cuando de hecho, el lenguaje continúa siendo el moldeador del hombre."

Vamos a crear lo que yo llamo un mantra interno—un compromiso que tú haces contigo mismo y con el mundo a tu alrededor. Este mantra es mucho más que un simple sonido, ruido, o afirmación. Es la declaración de la esencia de quién tú eres. Este mantra es un acuerdo interno o contrato que haces contigo mismo. Más aún, este mantra es el acto de declarar quién eres desde tu genuino y auténtico ser.

¿Qué tal si no eres todos esos pensamientos negativos que te has inventado acerca de ti mismo? ¿Quién serías? ¿Quién eres debajo de todas esas máscaras, actitudes y comportamientos? Quiero que elijas tres adjetivos que describan quién realmente eres. Tres adjetivos que resuenan desde adentro de ti. Cuando los dices, deben sonar y sentirse como un sonido, no como un porrazo. Cuando tengas estos adjetivos en mente, empieza a interrumpir esas conversaciones limitantes contigo mismo. Interrumpe esa vocecita dentro de ti repitiendo tu mantra una y otra y otra vez, diciendo, "Yo soy … Yo soy …"

Te empodero a hacerlo, a tomar el riesgo. A la cuenta de tres, quiero que lo digas en voz alta. Empieza con las palabras, "Yo soy…" y llénalo con las palabras que has decidido describen tu auténtico ser. Imagina que estás creando la celebración de una vida en Las Ramas Más Altas y tus invitados vendrán sólo si te pueden escuchar. A la cuenta de tres, quiero que lo digas en voz alta.

Uno, dos, tres: "Yo soy…"

Cada vez que escuches tu vocecita interna diciéndote, "No, no puedes hacerlo," interrumpe la conversación repitiendo tu mantra interno. Digamos que tu mantra dice algo así como: "Soy un líder poderoso, amoroso y digno." Decir esta afirmación de manera fuerte, automáticamente interrumpe los otros hábitos negativos, los juicios y las creencias limitantes que revolotean dentro de tu cabeza. Interrumpe la conversación interna porque es una afirmación poderosa que revela quién eres, tu auténtico ser. Si lo dices una y otra y otra vez, se convierte en un mantra. Tu mantra puede crear la energía y confianza necesarias para tomar acción, entrar al mundo y crear los resultados que siempre has querido. Bájale el volumen a tu ego, y súbele el volumen a tu mantra. Merece ser escuchado.

Cuando estés escogiendo tus adjetivos, piensa no sólo en lo que quieres en la vida, sino en quién quieres ser, y lo que quieres que otras personas digan sobre ti. La gente siempre hablará de nosotros, nos guste o no. Siempre tendrán sus opiniones, juicios, críticas, formas de tumbarnos, etc. ¿Podremos parar este comportamiento negativo o cambiarlo por completo? Sí y no. Al tomar las riendas de nuestro diálogo interno, creamos las formas de ser en las que estamos comprometidos con mucha gente a nuestro alrededor, principalmente en nuestras relaciones más cercanas. ¿Por qué? Porque serán los más receptivos a nuestros cambios y los que quieren lo mejor para nosotros.

Tal vez nos tome más tiempo ganarnos a otra gente, como compañeros de trabajo, jefes, socios, extraños, familiares lejanos, hasta ex-parejas, pero es absolutamente posible. Piensa en la famosa frase de la película Campo de Sueños (*Field of Dreams*): "Si lo creas, ellos vendrán." Si recuerdas, el protagonista de la película, Ray, interpretado por Kevin Costner, crea un campo de béisbol en medio de su granja en Iowa. Él no sabe por qué lo está haciendo, pero sigue escuchando unas voces que no puede ignorar. Al escuchar y seguir los pedidos de las voces, eventualmente se da cuenta que son mensajes de su padre, quien había muerto hacía muchos años. Son mensajes de un padre que quiere ver a su hijo y conectar por fin con él por primera vez, el padre que Ray nunca había conocido. Mientras tengamos aliento, tenemos el poder de hacer lo imposible, posible.

Cuando formules tus mantras, asegúrate de escoger adjetivos que exijan y que creen la mejor versión de tu persona. Cuando yo estoy coacheando a alguien, a menudo les pido que se enfoquen en adjetivos que están en conflicto directo con su zona cómoda. Por ejemplo, digamos que alguien tiene problemas confiando en otros. ¿Cómo podría usar esto cuando está creando su mantra? Podría empezar diciendo, "Yo soy una persona confiada, vulnerable, y arriesgada." Esta afirmación inmediatamente interrumpe la inherente falta de confianza. Digamos que alguien es temeroso. En vez de tener un mantra que diga, "Yo soy una persona miedosa, pequeña e insignificante," diría, "Yo soy una persona digna, valiente, y poderosa". Elegir ser valiente puede minimizar y posiblemente disolver tu miedo porque la valentía es lo opuesto al miedo. De igual forma, si alguien es inseguro: "Yo soy una persona segura." Si alguien tiene miedo de abrir su corazón, o tiene miedo de mostrar sus emociones: "Yo soy amoroso, yo soy vulnerable." Es una forma simple de interrumpir las vocecitas en tu cabeza, interrumpiendo la zona cómoda, las conversaciones limitantes, y esos comportamientos que no son consistentes con tu visión de una vida que valga la pena vivir.

Cuando tienes miedo de hacer o decir algo en tu vida diaria, puedes decir tu mantra una y otra vez hasta que ahoga e interrumpe ese miedo en particular. Una vez tengas éxito haciendo eso, puedes poderosamente pararte en el juego de tu vida. Puedes entonces tomar esos riesgos que tanto habías evadido en tu trabajo. Puedes hacer esas llamadas frías porque ya no te importa lo que la gente piense de ti y ya no tienes miedo de su rechazo. Puedes ir a esa reunión de personal y empoderar a tu equipo de ejecutivos a establecer nuevas metas y misiones para la compañía. Ahora tienes la confianza de tener la conversación con tu esposo sobre tener tu primer bebé, algo que estabas evadiendo. Puedes pedirle a tu jefe el aumento de salario que sientes te mereces. Puedes encontrar la energía para lograr altos niveles de salud que quieres con auto-disciplina, voluntad propia, y determinación para hacer ejercicios y cambiar tus hábitos alimenticios. Puedes abrir tu corazón con la persona hacia quien tienes sentimientos amorosos. En pocas palabras, podrás hacer eso que siempre tuviste tanto miedo de hacer. Tu mantra te da el poder y la confianza de ir tras tu visión, para crear una vida que valga la pena vivir. Cuando estás dispuesto a decirlo en voz alta, se convierte en una declaración pública. Una cosa es pensar privadamente sobre ti: *Yo soy una líder digna, poderosa, y feliz.* Y otra cosa es decirlo en voz alta. Tu disposición a decirlo en voz alta es un reflejo de tu compromiso, valentía, y liderazgo. Eso es lo que toma ser una inspiración para el resto del mundo a tu alrededor. Cuando pronuncias tu mantra en voz alta, eres VULNERABLE. Te muestras auténticamente sin disculpas, sin importarte si te ves bien, y sin miedo al rechazo. Al hacerlo, le das a otros algo hacia lo cual aspirar. Retienes el poder para inspirarlos a ellos también.

Piensa en tu mantra como una declaración interpersonal de independencia de tu pasado. Nuestro pasado es nuestra zona cómoda. Nuestro pasado es nuestro ego. Nuestro pasado es nuestra creencia limitante. Nuestro pasado son nuestros hábitos, la forma en que siempre hicimos las cosas. Esta afirmación sirve como una interrupción a ese comportamiento. En esencia, te estás declarando a ti mismo libre del pasado. Estás izando el ancla y para navegar en aguas desconocidas, al mar abierto. Estás diciendo, "Desde este momento en adelante, yo soy una mujer apasionada, amorosa y entregada. Yo soy un hombre extrovertido, arriesgado, y honesto. Soy una líder vulnerable, amorosa, y segura. Soy un líder *sexy*, auténtico y comprometido." Declaras tres adjetivos personalizados y consistentes con *tu* visión, con *tus* valores, consistente con lo que va a requerir de *ti* llegar de la A a la Z, desde donde estás hacia donde quieres estar. Lo declaras, y se convierte en una interrupción del *status quo*, tal como lo fue la Declaración de Independencia de los Estados Unidos en 1776.

Este mantra contiene el mismo tipo de poder, sólo que en menor escala. A pesar de cualquier falta de evidencia, falta de razonamiento, o falta de lógica, estás usando un mantra para declarar quién eres de ahora en adelante. Al detener e interrumpir tu autopiloto, reentrenando tu mente a ser la fuente de posibilidad de tu vida, de tu futuro, y de tu visión, reentrenándote a ti mismo a ser el autor de tu vida, declarando quién eres—tienes el poder que realmente necesitas para hacerlo.

Si eres consistente con esta forma de vivir cada día, eventualmente crearás el impulso, la confianza y una nueva creencia de quién eres y quién puedes ser. Tu enfoque será en crear el futuro, no vivir en el pasado. Vivir en Desde Las Ramas Más Altas significa vivir una vida con coraje, pasión y libertad. Cuando hablo de vivir Desde Las Ramas Más Altas, estoy hablando de dejar atrás una vida de mediocridad y supervivencia. En cambio, nos movemos en pensamiento abundante. Nos movemos a crear, a declarar. La vida Desde Las Ramas Más Altas, es declarar lo que queremos en la vida, y tener la confianza de publicarlos de manera específica. Cuando una persona le dice a un simple amigo de manera privada que quiere perder peso, no es una declaración "real." Sólo es una visión sin compromiso—es una fantasía, es una bonita idea, y no hay nada en juego.

Vivir Desde Las Ramas Más Altas requiere una declaración que te propulsa y más aún te obliga a comprometerte. Te pone en una posición de hacer algo que nunca antes habías hecho, algo que es importante para ti. Estás comprometido a crear algo sin evidencia de que tendrás éxito. Este compromiso no está basado en el pasado, ni tampoco es una reacción al pasado. Está basado en algo que tú estás intrínsecamente empoderado a crear. Quieres lograr algo que es importante para ti, algo que transformará toda tu forma de ser.

Para poder reclamarle el poder a tu ego de las historias de víctima de tu pasado, es importante aclarar la definición de responsabilidad. A menudo cuando la gente dice, "Yo soy responsable," lo que realmente quieren decir es, "Hice algo mal. Lo eché a perder. Algo horrible ha ocurrido, y yo tengo la culpa. Es mi fallo. Yo soy culpable." Su versión de responsabilidad ocurre después del fallo, después del hecho. En muchas ocasiones, las personas dicen que son responsables para que otros respondan, "te perdono," y lo dejen pasar. A menudo decimos que somos responsables tratando de apaciguar nuestros problemas o situaciones, pero realmente no los resolvemos.

Una poderosa definición de responsabilidad es ser el único e indiscutible autor de tu vida. Esto significa pararse como la fuente de todo, incluyendo el pasado, presente y futuro. Esta interpretación de responsabilidad no proviene del ego ni de la arrogancia, sino que surge desde un espacio de hacerme cargo, ser dueño. John F. Kennedy dijo algo famoso, "La victoria tiene muchos padres, pero el fracaso es huérfano." Es fácil declarar responsabilidad cuando las cosas van como tú quieres, ¿cierto? Cuando ella dice "sí" a tu propuesta de matrimonio, o "Acepto" en la boda. Cuando logras ese acuerdo de negocios. Cuando el tránsito desaparece y llegas a tiempo al aeropuerto. Cuando recibes el aumento de salario. Cuando la gente te reconoce por lo joven que te vez. Tomar el crédito por el éxito o la buena fortuna y ser realmente responsable no son lo mismo. La responsabilidad comienza cuando la idea es todavía sólo un concepto. La responsabilidad empieza en el pensamiento original. La responsabilidad está presente cuando tomas una decisión inicial; no se aparece de repente cuando ves los resultados de lo que escogiste. La responsabilidad ocurre en el concepto; ocurre desde su origen.

Un aspecto clave para crear una vida que valga la pena vivir es adoptar una serie de valores que puedas usar para filtrar las elecciones y compromisos que haces. Digamos que haces la declaración pública de bajar de peso, en vez de meramente hacer un comentario mientras charlas con un amigo en el café. Ahora ya está en el aire. Tú declaras: "Yo me comprometo a perder 20 libras en los siguientes cuarenta y cinco días. Para lograrlo, voy a hacer ejercicios un mínimo de cinco días a la semana, haciendo cuarenta y cinco minutos de cardio. También estoy comprometido a diseñar una dieta que sea consistente con mi meta de perder veinticinco libras. No lo estoy haciendo porque mi mamá piensa que estoy gorda. No lo estoy haciendo porque otra gente está comentando sobre mi peso a mis espaldas. Ni siquiera lo estoy haciendo porque no me gusta como me veo. Lo hago porque yo lo digo. Yo soy responsable, yo importo, y quiero vivir lo más saludable posible." Eso es otra forma totalmente diferente de enfocarte en la meta. La vida Desde Las Ramas Más Altas consiste en vivir. Imagina tener tanta seguridad en tu declaración de perder peso que sabes que lo lograrás y te compras ropa con las medidas que tendrás en el futuro. Eso sí es una persona operando al más alto nivel de responsabilidad.

¿Qué significa eso de vivir completamente? Vivir completamente significa que si sientes amor, y lo expresas. Lo gritas desde los techos. No te lo aguantas, ni lo ocultas lo disfrazas. Lo expresas con pasión desmedida. Tú no quieres que tu vida sea un constante estribillo de debería, sería, podría. Vives la vida sabiendo que la vida en sí es preciosa, que la vida es importante, que la gente en tu vida no sólo debería "pensar" que te importan. No deberían solamente tener un vago concepto de tu amor. Ellos llegan a experimentar tu amor de forma vulnerable sin disculpas ni vergüenzas.

Crear Desde Las Ramas Más Altas es crear profundo amor con tus hijos y con tu pareja. Yo todos lo días me aseguro de mostrarle a mi esposa no sólo que la amo, sino que estoy *enamorado* de ella. No sólo le compro flores y regalos, algo que cualquiera con dinero fácilmente podría hacer. No sólo digo las palabras "te amo" cada día. Encuentro formas de comunicarle mi amor a ella, para hacerle saber cuan especial es para mí. Yo tomo acción comprometida a diario para crear esa experiencia de amor por ella y con ella. Puedo hacerlo en formas variadas pero siempre efectivas: escuchándola hablar de su trabajo del día, hablando de las agendas de nuestros hijos y de la familia, ofreciéndole mi apoyo en el manejo de nuestros planes, haciendo la compra, lavando la ropa y los platos, sacando la basura (sin que ella lo pida—una distinción clave), viendo los programas de televisión juntos y grabando mis juegos de béisbol para verlos después (cuando ella esté dormida), llevándola al cine a ver una película que sé ella quería ver, o llevándola de compras. Ella hace tanto por nuestra familia que pensar en si misma usualmente es su última prioridad. Así que yo le digo, "Mi amor, tú siempre piensas en todos, yo estoy aquí para pensar en ti."

Hay infinitas formas de crear esa experiencia profunda de amor con tu novio, novia, pareja de vida, o futura pareja. La distinción de amor requiere tu participación y contribución total. Que te importe lo suficiente para saber lo que es importante para tu pareja es esencial para una conexión exitosa y duradera. Toma el tiempo para encontrar regalos expresivos, en vez de simplemente comprar joyas caras pero sin significado. Ve a los eventos, apóyala, hazle sentir que te importa. Los momentos de valor incalculable son las experiencias que ella recordará. Tiempo coexistiendo en la misma habitación, mirando la televisión, o leyendo las noticias en tu iPad, no es TIEMPO DE CALIDAD. Es una muerte lenta y dolorosa de un amor que una vez floreció, del respeto y admiración que una vez eran invencibles, de una sociedad que una vez fue un ejemplo y modelo para otros.

He aquí otro ejemplo: Yo sé que a mi esposa le gusta la música. Es un interés que compartimos y algo que a ambos nos importa. Sin embargo, a ella le gusta la música *pop* mientras que yo prefiero el *rock and roll*. Pero aún así yo tomo suficiente tiempo para buscar en iTunes esa canción especial, esa canción de amor que tocará a mi esposa y que le hará saber cuánto la amo, cuánto me importa. Me aseguro que sea una canción que *ella* ame, aunque nuestros gustos musicales no sean los mismos. Mi iPod está lleno de música de *Pink*, Adele, Colbie Caillat, Katy Perry, y por supuesto de *Maroon 5*. Eso sí es amor real para un rocanrolero como yo. Vivir Desde Las Ramas Más Altas puede ser sobre el amor en una relación romántica. También puede ser sobre tu comunicación con tus hijos, creando lazos y una conexión duradera con ellos. Yo tengo una relación personal profunda e íntima con mis hijos, Nicholas y Savannah, aunque ellos no vivan físicamente conmigo. Yo vivo en Dallas y ellos viven en Phoenix. Pero yo sé dónde están cada día. Yo sé donde están porque su gozo y felicidad son importantes para mí. Tengo una relación fuerte con ellos. Escucho lo que dicen. Escucho sus palabras, sus pensamientos, sus preocupaciones. Aprendo lo que es importante para ellos, a dónde quieren ir, y qué quieren hacer con sus vidas. Cualquiera puede tener un hijo, y muchos hacen el trabajo de educar niños, pero no todos los padres disfrutan de una verdadera relación de comunicación con sus hijos. Muy pocos padres son realmente parte de la vida de sus hijos, especialmente después de que han crecido y tienen sus propia vidas. Ser un padre es un honor y un privilegio. Es una bendición, no un trabajo o una obligación.

No vivimos en un vacío. Por lo tanto, crear una vida que valga la pena vivir no sólo se trata de ti. También consiste en cómo interactúas con las sorpresas de la vida diaria. ¿Ves situaciones retadoras como obstáculos, o como oportunidades? ¿Los ves como problemas que necesitan ser resueltos o como regalos que recibes con los brazos abiertos? ¿Miras la vida desde todos los ángulos posibles, o testarudamente insistes que tu forma es la única correcta? Crear una vida que valga la pena vivir no es sobrevivir. No se trata de existir. No se trata de conformarte con la mediocridad. Se trata de pararte en el concepto de vivir, en la práctica de vivir, en todos los aspectos de tu vida. Esto incluye tu vida profesional, tu salud, tus relaciones con la gente, inclusive tu relación con el dinero.

En la sociedad actual, la gente tiene una relación disfuncional con el dinero. Se muestra tanto en las cosas grandes como en las pequeñas. La gente está endeudada. La gente hipoteca su futuro con una mentalidad de "pagaré después." La gente vive en escasez. La gente atribuye su valor personal a su cuenta bancaria. Cómo se sienten sobre sí mismos depende de cuánto dinero hacen y de cuánto ahorran. Su valor personal equivale su valor monetario. Eso es un función de una relación disfuncional. Frecuentemente, veo gente increíblemente talentosa conformándose con trabajos mediocres en vez de crear nuevas posibilidades, viviendo plenamente en su mayor potencial. Crear una vida que valga la pena vivir consiste en analizar tu trabajo, tu carrera, cuánto dinero haces, y preguntarte, "¿Es esto lo que quiero?" ¿Es esto lo que valgo? ¿Es esto de lo que soy capaz? Si la respuesta a estas preguntas es no, entones ¿en qué forma tu relación con el dinero ha afectado tus resultados? Es hora de salir de la rueda de molino para examinar qué es lo que realmente quieres. Piensa en una carrera que sería ideal para quién tu eres—un trabajo que te apoyar financieramente pero que al mismo tiempo te retara intelectualmente. Encuentra un trabajo que te haga sentir pleno al final del día. ¿Eres un empresario de corazón? Considera abrir tu propio negocio. ¿Has estado esperando el momento "correcto"? Pregúntate esto: ¿Por cuánto tiempo he estado esperando, y cuál es el precio que estoy pagando por no ir tras el negocio de mis sueños? Piensa en tu carrera y tu trabajo como los vehículos para apoyarte en alcanzar el estilo de vida que quieres, no como una sentencia de prisión con ciertos derechos de visitas, haciendo placas por menos del salario mínimo porque eso es lo que crees que vales.

Tenemos la habilidad de pararnos en medio del reto y atisbar Las Ramas Más Altas, ver el bosque por sus árboles, ver las posibilidades, las estrellas. ¿Cuán a menudo se nos dijo de niños que el cielo era el límite? Aún así, años después, estamos viviendo una vida mediocre. Esperando ganarnos la lotería. Estamos esperando a que ocurra un milagro, que nos llegue la solución en bandeja de plata. Estamos esperando que la sociedad cambie. Estamos esperando que la "persona mágica" se aparezca. Estamos esperando que los legisladores pasen las leyes. Estamos esperando que la economía mejore. Estamos esperando que el Presidente nos dirija. Pero hay muchos ejemplos de personas que a pesar de todas las contrariedades y difíciles circunstancias se levantaron por encima de todo eso. Cada uno puede aprender de las lecciones que estos individuos nos enseñan.

Este libro es sobre cómo *elevarnos* y hacer la diferencia. Tomemos como ejemplo a Martin Luther King, Jr. ¿Qué tenía el Dr. King que los otros hombres y mujeres afroamericanos no tenían? En su tiempo, él era un predicador y ya estaba comprometido con hacer la diferencia en su congregación y la comunidad. Al final, fue reconocido como el padre del Movimiento de los Derechos Civiles en América. Aunque nació y creció en Georgia, sus estudios lo llevaron a Boston donde conoció a su futura esposa, Coretta. Entonces en 1955, un par de representantes de la iglesia de Montgomery, Alabama vino a discutir con él la crisis que estaba ocurriendo. Dijeron algo como, "Mr. King, hemos escuchado mucho sobre usted. Sabemos que usted es un hombre educado y locuaz, y nos gustaría que viniera y nos apoyara en lo que estamos haciendo." Al principio él dijo que no. ¿Por qué habría de arriesgar a su familia? Él estaba ocupado. Estaba al servicio de la gente en su congregación. Ya estaba haciendo la diferencia justo donde estaba. Fácilmente pudo haber argumentado, "Ya yo estoy haciendo mi parte. No necesito hacer nada más grande de lo que estoy haciendo ahora."

Pero ellos volvieron. Tuvieron otra conversación con él, y en esta ocasión, accedió. Se arriesgó. Esto sí es vivir Desde Las Ramas Más Altas. Él dio un paso más allá. Se fue al ojo del huracán, al centro del racismo y la segregación. Viajó a la región que en esa época era uno de los lugares más peligrosos en los Estados Unidos para un individuo o familia afroamericana. Fue y tuvo el coraje de hablar y declarar su visión de manera pública. Tomó el micrófono y habló y habló y siguió hablando sobre los derechos de votación de todos los americanos. Habló de derechos civiles y de derechos de igualdad. Habló de ecuanimidad y justicia, cosas que no eran nada populares en el Sur en aquella época. Pero estuvo a arriesgarse. Él vivió Desde Las Ramas Más Altas.

¿Tenía Dr. King algo que la persona promedio ni siquiera tenía el potencial de obtener? Absolutamente no. Él es alguien que tuvo una visión. Vio el panorama completo. Vio lo que la vida podía ser para todos. Y asumió la responsabilidad de hacer lo que se tenía que hacer. Se vio a sí mismo como la fuente, era su responsabilidad usar su poder para hacer la diferencia. No se paró en la orilla a mirar. En una de sus citas más elocuentes Martin Luther King, Jr. dijo: "La medida final de un hombre no es dónde está parado en los momentos cómodos y convenientes, sino dónde está parado en los momentos de retos y controversia." Qué declaración tan poderosa de responsabilidad y coraje. ¿Qué tal si tú tuvieras el mismo coraje para hacer una declaración similar con respecto a tu familia? ¿Para sanar las heridas del pasado? Yo lo hice, y al hacerlo, hice de lo imposible, algo posible.

Martin Luther King, Jr. pudo haber sido una de esas personas que se paran a mirar, diciendo que el mundo podría y debería ser diferente, pero sin tomar acción para hacer algo al respecto. Pudo haber tenido la creencia de que era la responsabilidad de otro. Mucha gente creía que nada cambiaría, que el racismo siempre existiría en el Sur, y que los afroamericanos nunca tendrían iguales derechos. ¿Puedes imaginarte el no tener voto? No sólo en el sentido literal, sino también en el figurativo. Sin embargo, Dr. King se encargó de tomar acción. Asumió el riesgo. Vivió Desde Las Ramas Más Altas. Fue tras su visión y sueños. Fue tras tus sueños con pasión, y se expuso personalmente. Expuso también a su familia. Para él era un riesgo que valía la pena. Y como resultado, hizo un extraordinario impacto en su gente. Cambió las leyes. El Sur cambió. El país entero cambió.

¿Lograron sus logros eliminar la existencia del racismo en el país? No, pero ciertamente fue un paso significante en el proceso de unificar nuestro país y crear "una nación, bajo Dios" para todos, incluyendo los afroamericanos.

Nelson Mandela es otro excelente ejemplo de alguien que se elevó por encima de todo. Estuvo encarcelado en una celda de prisión de seis pies por veinte años. Salió de la prisión con una sonrisa en su rostro. ¿Cuál hubiera sido tu rostro después de haber sido encarcelado injustificadamente por veinte años? Imagina el peso que hubiera tenido en ti mentalmente, emocionalmente, físicamente, espiritualmente, vivir sin las opciones y libertades con las que gozas aquí en los Estados Unidos. El no poder vivir con tu esposa, sin poder ver a tus padres e hijos. Saber que tal vez nunca mas volverás a ver a tu madre o a tu padre. Que sólo se te permitiera una visita por año. Imagínate cómo sería vivir sin derechos de igualdad, derechos civiles, o la decencia de la dignidad humana.

Mandela no tenía comunicación directa con su esposa o sus hijos mientras estuvo en prisión, excepto por las cartas que podía enviar y recibir una vez al año. Aunque perdió su libertad sin su consentimiento, su visión siempre estuvo presente. Su invariable fe en las posibilidades del mundo le permitió vivir Desde Las Ramas Más Altas inclusive desde la celda de su prisión. Él pudo ver posibilidades, ver su propósito, vivir su propósito.

El gobierno surafricano podía hacer lo que fuera con su cuerpo. Podía hacer lo que fuera para restringir sus opciones en la vida. Le podía quitar todo, inclusive abusarlo, descuidarlo y golpearlo, pero no podía impedir que este hombre visualizara y comunicara su visión a la gente en su país, tanto para los negros como para los blancos, de vivir juntos en igualdad y unidad.

Nelson Mandela se convirtió en una *inspiración*. Muchos que logran el poder, y que son elegidos para asumir cargos gubernamentales de alto rango o en organizaciones, bien pronto se olvidan de los valores que los llevaron a esa posición en primer lugar. Eso no le pasó a Mandela. Cuando fue liberado, fue humilde en su lucha para realizar su visión y su sueño. Se convirtió en el presidente de África del Sur. Cuando era candidato a la presidencia, prometió tener un gobierno que representara a toda su gente, blancos y negros. Él mantuvo su promesa y creó leyes que beneficiaran a todo su pueblo, independientemente de su color, religión, tribu, estatus financiero o nivel de educación.

Crear una vida que valga la pena vivir a menudo significa arriesgarte a que te rechacen, a la humillación pública, al juicio y a las críticas. Pero a veces requiere ponerte a ti mismo en riesgo. ¿Por qué? Porque cuando algo te importa profundamente y viene del mismo centro de tu ser—de tu verdadera esencia—pareciera ser la *única* opción. Debes darle poder a tu voz, tomar acción comprometida, y estar dispuesto a pararte en el filo. El filósofo Max Weber dijo, "La ética de la convicción y de la responsabilidad no son conceptos opuestos. Se complementan." ¿Podría haber un mejor ejemplo de liderazgo y ética que el de Mandela?

Martin Luther King, Jr. no dijo, "Oye, yo tengo un sueño," y se lo susurró al oído a su amigo en un café. No le dijo a su hipotético amigo que lo mantuviera como un secreto: "No digas nada; no quiero que alguien lo escuche." No se sentó solo en su casa pensando sobre su sueño, para nunca compartirlo. No, se paró frente a las masas y declaró con convicción, "Yo tengo un sueño." No fue un sueño sólo para los afroamericanos, y no era un sueño en contra de los blancos. Era un sueño para todos: blancos, afroamericanos, judíos, protestantes, católicos, para todos, de todas áreas de vida.

*Esa visión, ese sueño, ese propósito surge de la idea de crear una vida que valga la pena vivir.* Él nos pedía visualizar una vida, una comunidad, una nación que no operara en sobrevivencia, que no sólo existiera, que no siguiera parada simplemente mirando y observando como una cultura defectuosa. Le pidió a la gente que tomara acción y que se parara con él apoyando esta visión de lo que él veía era posible. A ser responsable y adueñarse de los problemas y los fallos que existían, y entonces usar la consciencia de la responsabilidad para hacer la diferencia y hacer que su voto contara. Él fue una de muchas figuras extraordinarias que han vivido antes que nosotros y nos han ofrecido la oportunidad de observar sus contribuciones, sus innovaciones, sus dones, y las infinitas lecciones que podemos aprender de ellos.

¿Si tú pudieras usar ese mismo poder de declaración y responsabilidad, qué harías? ¿En qué te convertirías si tuvieras ese poder? ¿Quién es el capitán de tu barco? Personalmente, yo uso las lecciones de estos líderes para inspirarme a ser un mejor padre, esposo, un mejor hombre, y mucho más importante, un mejor ser humano. La más valiosa contribución de otros es la que directamente impacta la calidad de vida, no sólo de unos cuantos, sino de todos.

Recientemente recibí un impactante mensaje de uno de los empleados de mi compañía en Puerto Rico. Él dijo, "Jefe, sólo quería decirte que todos los que trabajamos para ti aquí en la oficina te amamos y nos importas." ¿Quién le envía una nota a su jefe sólo para decirle, "te amamos y nos importas"? Para mí, es una retroalimentación increíble. Eso es una señal de que estoy teniendo éxito en crear una vida que valga la pena vivir, no sólo dirigiendo una organización exitosa.

Una de mis visiones personales para mi vida era convertirme en un empresario. Larry y yo siempre hemos tenido grandes ideas— en teoría, en nuestras mentes, por supuesto. Pero hay una gran diferencia entre pensar algo y finalmente lograrlo. Yo quería crear una compañía de coaching y entrenamiento transformacional que me diera la libertad de usar mis destrezas, talentos y habilidades para hacer una poderosa diferencia en la vida de otros. No sólo facilitar, sino también alimentar mi deseo de ser el autor de algo y crear mis propios talleres de manera única. No sólo lo logré, sino que continúo haciéndolo. Parte de mi visión era rodearme con gente igualmente visionaria y empresarios. El saber que la gente que trabaja conmigo ama su trabajo y les importa lo que hacemos y los servicios que ofrecemos es lo que más me llena. Pero ¿saber que ellos también me aman y que les importo, no sólo como jefe sino como persona? Eso significa todo para mí. Cuando estamos despiertos, pasamos la mayor parte de nuestra vida en el trabajo o trabajando, no con nuestras familias o seres queridos. Así que imagínate rodeado de líderes con la misma mente, que comparten una misma visión y no sólo trabajan bien en conjunto, sino que también se aman y se preocupan uno por el otro. ¿Cómo agrandaría eso tu vida?

Esto no quiere decir que el dinero y el éxito no significan nada. ¿Es el dinero una parte importante de la vida? Absolutamente. ¿Producir resultados es parte de la vida? Por supuesto. Pero la vida es mucho más que las cosas tangibles. La vida es un proceso. Se trata de producir resultados, y quiénes somos mientras producimos esos resultados. ¿Recuerdas la película Wall Street? El personaje Gordon Gekko, protagonizado por Michael Douglas, dijo estas infames palabras , "El punto es, damas y caballeros, que la avaricia, por no encontrar otra palabra, es buena." ¿Tenía razón? ¿El insaciable deseo de calmar la sed de avaricia, es algo bueno? Primero que nada, la definición individual de alguien sobre lo que es *bueno* es subjetiva y completamente abierta a interpretaciones. En el fondo, *bueno* es un juicio con una limitación y con un tope. ¿Quieres un tope en tu rentabilidad financiera, emocional y espiritual?

Cada día que me despierto, veo increíbles posibilidades, increíble potencial en los aspectos diarios de la vida. Lo que también veo es gente básicamente operando como muertos andantes. Tú no eres un espectador en tu vida. No eres un extra en la película. No eres un crítico que quiere tener la razón. La pregunta que te quieres hacer cada día es, "Qué diferencia estoy haciendo hoy? ¿Qué diferencia puedo hacer *ahora mismo*?"

¿Cómo sería vivir en un mundo donde la serie de televisión Muertos Andantes (*The Walking Dead*) no es la número uno en espectadores? Ese programa es un reflejo perfecto de lo que se ha convertido nuestra sociedad y con lo que nos hemos conformado.

¿No preferirías crear un mundo donde el estar vivo se celebra y los actos dadivosos no se limitan a las fechas festivas? ¿Quieres vivir en un mundo donde tengamos que marcar en el calendario los actos de dadivosidad, solamente relacionándolos con un periodo específico del año? O pero aún, poniéndolos en calcomanías: "Toca la bocina si crees en ocasionales actos de bondad"? Una bocina, cuando se usa en el momento correcto, puede salvar una vida. Pero a veces es fastidioso y un ruido innecesario, y por lo regular tiene la intención de ser descortés. No debería ser usado como un gesto de apoyo a una causa. En vez de tocar bocina en respuesta, ¿por qué no ser simplemente bondadoso en tu vida diaria?

Durante mis 30 años de coaching, he tenido la oportunidad de trabajar con mucha gente extraordinaria y poderosa: CEOs, presidentes de compañías, dueños de negocios, vicepresidentes, compañías Fortune 500, etc. Uno de mis mayores clientes era el CEO de una compañía de servicios financieros en Wall Street en Nueva York. Era una compañía que se especializaba en comercio de bonos, y trabajaba con muchas compañías principales financieras como Merril Lynch, Solomon Brothers, J.P. Morgan, Pimco, Goldman Sachs, Bear Stearns, y otras. Ellos hacían dinero intercambiando información. Era un negocio bien exitoso. Mi cliente tenía un salario de más de un millón de dólares al año y además tenía acciones en la empresa. En la superficie, parecía el hombre perfecto. Vivía en una casa hermosa en una de las áreas mas prestigiosas de Nueva Jersey. Tenía una esposa y familia hermosa. Pero me confesó que no era feliz. Él sabía que no estaba siendo el padre que quería ser con sus hijos. Que no era el esposo que quería ser con su esposa. Se dio cuenta que era sumamente controlador, impaciente, y juzgando constantemente, con la abrumadora necesidad de tener la razón. Y debajo de todo eso, era inseguro y tenía miedo de perderlo todo. Cuando era joven, especialmente durante su adolescencia, no tenía la confianza que quería en en ámbito social, así que lógicamente, se enfocaba en estudiar y adentrarse de lleno en los libros. Estaba motivado por su deseo de triunfar y el saberse bien inteligente, pero una parte de él también quería demostrarle a los críticos que estaban equivocados. Probarse y "mostrarle a ésos." Debido a su conflicto interno con su ego, terminó creando el tipo de vida con la que muchos sueñan, una vida que haría que cualquier padre se sintiera orgulloso, y resultados que serían la envidia de la mayoría de las personas. ¿Era lo que él quería? ¿Estaba feliz y satisfecho? No.

Tenía grandes visiones para su carrera muy dentro de su ser. Soñaba con crear un negocio y vender el que tenía. Encontró el coraje para tomar ese primer paso. Y entonces me buscó como coach. Aunque él era un experto financiero y brillante en su trabajo, fue lo suficientemente humilde y vulnerable para reconocer que no era perfecto y que definitivamente no estaba donde quería estar, tanto en lo profesional como en lo personal.

Cuando empecé a coachearlo, el primer aspecto de su vida en el que trabajamos fue en transformar su actitud, sus hábitos de comunicación, y formas de ser. Al trabajar juntos como socios en este coaching, yo le di retroalimentación honesta, directa e interruptora. La retroalimentación es información que le ofrece a las personas la oportunidad de ver, escuchar, y entender cómo se muestran ante los ojos de otros. De esta manera ya no están limitados a sólo su experiencia de sí mismos. En mi trabajo, la retroalimentación es esencial. La gente no me contrata para que yo les diga lo que quieren escuchar; muchos de ellos tienen empleados, familiares, y amigos que ya lo hacen. Una vez yo tengo la oportunidad de conectar con la gente de su vida, personal y profesionalmente, es fácil ver lo que está faltando y lo que no está funcionando.

Para darle crédito a mi cliente, él recibió mi retroalimentación abierto de corazón y lo recibió realmente. Fue así que inició su transformación. Observamos sus creencias limitantes, identificamos de dónde venían, cómo habían afectado sus preferencias y comportamientos, y cómo él figurativamente había creado esta inauténtica versión de sí mismo. Gracias a esta realización, él pudo soltar. Entró en su corazón y cambió sus previas creencias de que la vulnerabilidad era una debilidad que debía evitarse, y a cambio empezó a ver la vulnerabilidad como una fortaleza. Empezó a liderar con su visión, y desarrolló un nuevo mantra interno: Empezó a vivir su vida como un hombre vulnerable, amoroso y compasivo. Su vida familiar se transformó por completo. La relación que creó con sus hijos ya no era tensa, de frustración, ni dura. Los niños son extremadamente flexibles en sus comportamientos porque sus creencias no están completamente formadas. Ellos son como plastilina, y pueden ser moldeados una y otra vez. Cuando este cliente me contrató, su relación marital estaba a punto del divorcio. Él era un esclavo del trabajo que estaba desconectado emocionalmente, y no se mostraba como un verdadero compañero de vida para su esposa. Cuando llegaba del trabajo, a menudo seguía trabajando, y como resultado, no estaba presente tampoco para sus hijos. Con sus relaciones personales quebrándose, se comprometió a hacer los cambios que necesitaba hacer en casa también. Como resultado de su rediseño, él y su esposa transformaron su matrimonio y crearon un nuevo nivel de intimidad emocional. La llama del amor fue encendida de nuevo, la pasión se hizo presente, y la conexión se manifestó como nunca antes. Se convirtieron en socios de vida. Él rediseñó su relación con sus hijos, llegando a conocerlos a cada uno por primera vez. Al hacerlo, se dio cuenta del increíble y hermoso regalo que ellos era para él. Y aún más importante, se dio cuenta de lo importante que él era para ellos. Desde ese momento, sus prioridades cambiaron. Cuando estaba en casa, ahora estaba *totalmente presente*. Este cliente también tenía una visión de empezar un nuevo negocio donde administraría los activos de individuos y compañías de alto patrimonio. Esto se llama fondo de inversión de alta especulación o *hedge fund*. Él me declaró su visión, y trabajamos juntos para que ocurriera. Para crear un vehículo financiero que fuera una inversión viable para inversionistas y a la vez un negocio valioso del cual ser dueño, necesitaba un mínimo de cincuenta millones de dólares de capital inicial. Es un círculo vicioso. Nadie ve el valor de invertir en un fondo que no tiene dinero invertido. Para lograr la inversión, mi cliente tendría que dar presentaciones a futuros inversionistas, y a la larga, venderse a sí mismo y sus habilidades. Esto requería desarrollar sus habilidades de comunicación y su poder de hablar en público. No sólo para hablarle a la gente, sino también para crear un impacto. Como resultado, excedió la meta de generar $50,000,000 de capital dentro de cinco años. En vez de eso, logró llevarlo hasta un total de $3,000,000,000. Y logró todo esto en menos de 10 años. No sólo sobrepasó su meta, la llevó a un nivel que ni siquiera había imaginado. Él hizo posible lo imposible.

Ésta es otra anécdota: Una mujer se me acercó una vez para decirme que quería ganarse la vida siendo una coach personal y entrenadora, y me pidió que la entrenara. En esa época, ella trabajaba en la Cámara de Comercio Hispana de Dallas y era consultora de negocio para pequeñas y medianas empresas. Cuando yo la conocí, ella no tenía las destrezas para hacer este sueño realidad. Yo sostengo a las personas en su más alta posibilidad, y ni siquiera yo podía verlo al principio. Ella era de Panamá, y su inglés no era muy bueno. También era pequeña físicamente, y se mostraba tímida e insegura. Cuando hablaba, le faltaba poder, autoestima, y confianza. Yo le dije que estaba dispuesto a trabajar con ella para lograr su meta, pero que ella tenía que estar comprometida totalmente. Tenía que transformar su ser completo. Tenía que mostrarme que tenía hambre y que estaba tomando en serio su visión. Le pregunté si estaba dispuesta a hacer lo que fuera, y ella dijo que sí.

Y como lo prometió, esta pequeña mujer se reinventó para convertirse en una excelente entrenadora reconocida nivel mundial. Ella ofrece talleres y seminarios alrededor del mundo, principalmente en muchos países de habla hispana. Su inglés ha mejorado, y como resultado, también ha conducido talleres en los Estados Unidos. Ella es un gran ejemplo de lo que es posible cuando una persona cree en sí misma y está dispuesta a luchar por lo que quiere. Como dijo el artista Pablo Picasso, "Yo siempre estoy haciendo eso que no puedo hacer, para aprender cómo hacerlo."

Otras dos personas con las que trabajé llegaron a obtener el premio Ernst & Young *Entrepreneur of the Year*. Estos dos clientes estaban ya establecidos en su negocio y con cierto nivel de éxito, pero no estaban satisfechos. Ellos también tenían hambre de desarrollarse y estaban motivados a ir a lugares donde nunca habían ido antes. Estuvieron dispuestos a reinventarse como líderes y empresarios afinando su ya existente potencial y convirtiendo sus debilidades y dudas en fortalezas.

Ustedes que están leyendo este libro tienen la misma oportunidad de descubrir no sólo lo que está faltando, lo que los está obstaculizando, o lo que los está deteniendo, sino también lo que es posible para cada uno. Los seres humanos tienen la capacidad de rediseñar y reinventar sus vidas. Somos los únicos seres en todo el reino animal que tienen el poder de alterar el curso de nuestra evolución a tal magnitud.

Cuando yo era un niño, las ardillas recogían nueces, corrían en el patio, se subían a los árboles, y evadían carros para evitar ser aplastadas en la calle. Las ardillas deben ser uno de los animales mas estresados, asustados y nerviosos que puedan existir. Yo veía estas ardillas, maravillado y fascinado de cómo lograban evadir un carro por milímetros. Siempre estaban frenéticamente buscando comida, y luego desesperadamente regresando al árbol cuando percibían algún peligro inmediato. A veces pienso que así es como muchos seres humanos viven. Nos mostramos como un montón de ardillas—pasando la mayor parte de nuestras vidas y existencia haciendo lo mínimo, recogiendo las sobras de los inventos de otros, y buscando sólo nuestra propia supervivencia. Nos conformamos con la mediocridad y nos reunimos nerviosamente, esperando no ser afectados por el mundo a nuestro alrededor, y luego corremos para escondernos y usar lo que nos queda de energía para proteger y defender nuestra preciosa colección de nueces.

Si examinas la vida diaria de una ardilla, ¿Ha cambiado desde que eras un niño? ¿Ha sido alterada? Yo tengo cincuenta años de edad. Las ardillas siguen haciendo hoy exactamente lo mismo que hacían hace cincuenta años. Pero algunos humanos no siguen haciendo lo mismo. Hace cincuenta años, vivíamos en un mundo nuclear. Vivíamos una Guerra Fría. Todos los días nos aterraba que Estados Unidos fuera a la guerra con la Unión Soviética o que ellos pudieran lanzar un arsenal de bombas contra nosotros. Todos estaban paranoicos, constantemente preguntándose: "¿Quién está con nosotros? ¿Quién está contra nosotros?" Vivíamos en una sociedad que generaba desconfianza, no sólo globalmente, sino domésticamente aquí en los Estados Unidos. Había protestas diarias por una variedad de causas: los derechos de las mujeres, igualdad, Vietnam, empleos, el precio de la gasolina, justa paga para los trabajadores, etc.

En aquella época, vivíamos en un mundo donde enviar un hombre a la luna era sólo un sueño. En 1961, John F. Kennedy declaró, "Vamos a poner a un hombre en la luna al final de esta época." Esta fue una perfecta demostración del poder de la declaración y de la responsabilidad. Él sabía que sería un reto y no se quitó por miedo al fracaso o por la real posibilidad de que podría verse mal. Él tenía una visión, encontró un propósito, y se paró en Las Ramas Más Altas. Mira su compromiso con la NASA. Aprecia los descubrimientos que hemos hecho desde entonces: nuevos mundos, nuevas galaxias, y nuevos avances tecnológicos para los seres humanos, que han sido posibles por la exploración y viaje espacial. ¿Y qué representó su promesa para los americanos? ¿Cuál fue su significado para las nuevas generaciones de niños que apenas estaban naciendo? Cuando vivimos nuestro propósito y visión, cuando estamos creando desde un espacio de irrefrenable e ilimitadas posibilidades, podemos crear lo que sea. Inclusive también podemos crear milagros.

No se trata sólo del resultado—se trata de la *experiencia*, el sentimiento de éxito y asombro, la profunda emoción, y la importancia de nuestros valores. Esos valores son consistentes con nuestra visión y propósito, y con lo que es vivir Desde Las Ramas Más Altas. Así que declara tu mantra interno calladamente a ti mismo, pero también asegúrate de gritarlo fuerte para que seas escuchado. Como dijera el filósofo francés Jean Paul-Sartre, "Sólo el que no está remando tiene tiempo para sacudir el bote."

## Capítulo Tres

# NO TE CORTES LAS ALAS

NADIE PUEDE ALCANZAR LAS Ramas Más Altas— los que suben a lo más alto del cielo y despliegan sus alas mas allá de la seguridad del tronco—se cortan las alas. No tengas miedo de volar. No tengas miedo de aventurarte y tomar riesgos. No ahogues tu imaginación o creatividad. No tengas miedo de ascender a nuevas alturas. Nadie puede cortarte tus alas a menos que lo permitas. Esto incluye tu crítico número uno: TÚ. Como dijera el escritor alemán Goethe, "La magia es creer en ti. Si lo puedes hacer, puedes hacer que ocurra lo que sea."

Anatómicamente hablando, el abejorro no debería poder volar. Afortunadamente, no se ha dado cuenta, por tal razón, ha logrado lo que parece imposible. Cortar tus alas es puramente mental:

sucede cuando escuchas las vocecitas en tu mente y les das tu poder. Te desanimas a ti mismo y a otros de poder hacer lo posible sólo porque nadie lo ha hecho antes. El famoso maratonista olímpico Roger Bannister logró hacer historia cuando corrió una milla en cuatro minutos aunque los médicos habían establecido que el cuerpo humano físicamente no podía lograrlo. En aquella época, era supuestamente imposible. Y porque todos creían que esa aseveración era la verdad, otros corredores "cortaban sus alas" ni siquiera intentando romper el récord. Después de todo, la ciencia y las investigaciones ya habían dicho que sería imposible. Pero Bannister no escuchó. No dejó que nadie le cortara las alas. Logró crear el récord mundial de correr una milla en cuatro minutos, y otros siguieron sus pasos, empatándo y eventualmente batiendo su récord.

Yo pienso que la vida es un equipo deportivo, desde sus inicios, desde tu concepción. Allí estabas tú haciendo lo tuyo, un espíritu flotando en algún lugar del universo cuando tus padres dijeron, "Amor, ésta es la noche." Hicieron el amor, y la semilla fue plantada. Tal vez no pasó así exactamente, pero captas la idea, ¿cierto? Haya sido una decisión consciente de su parte o no, ellos eligieron crear vida. Y nueve meses después, tú naciste en este mundo. Todos fuimos creados desde esta básica íntima relación. Las relaciones que creas con tus padres tienen el impacto más grande en tu experiencia de vida, y fundamentalmente, en tu futuro.

Imagina esto: Podríamos estar viviendo en una sociedad donde los niños de 18 años de edad crecen para ser adultos responsables, amorosos y comprometidos—líderes apasionados de alta integridad. A quienes les importa su éxito personal, el de sus amigos, y el de la sociedad. Si esto ocurriera, nosotros realmente podríamos transformar la cultura en la que vivimos. Lo que estamos produciendo en vez de eso es justo lo contrario. Veamos algunas de las formas en las que nos estamos cortando las alas.

Estamos tolerando un sistema educativo que clasifica número 17 en el mundo. ¿Puedes creer que los Estados Unidos, que tiene bajo ciertos argumentos la democracia más efectiva en el mundo, es el hogar de una educación que ocupa el lugar número 17? ¿Cómo es posible? Estamos involucrados en múltiples guerras y conflictos en Siria, Afganistán, Iraq, y prácticamente todo el Medio Oriente. Estamos directamente envueltos en retadoras negociaciones con Irán para tratar de detener la producción de armas nucleares. Arriesgamos la vidas de hombres y mujeres jóvenes para pararnos por los derechos de otras personas alrededor del mundo. Exponemos a nuestros hijos a situaciones peligrosas. Imagina que viviéramos en una sociedad donde la paz no sólo fuera algo por lo cual aspirar, sino que la paz, la unidad, y la prosperidad fueran ya nuestra forma de vida. Las relaciones serían saludables. Las mujeres se sentirían seguras. Los niños tendrían la oportunidad de vivir con pasión y libertad, y no sólo sobrevivir llenos de temor.

En los Estados Unidos ahora mismo, casi el 50% de los matrimonios terminan en divorcio. El resultado es que las personas están mas dudosas, escépticas y cínicas sobre si las uniones maritales pueden funcionar y si valen la pena siquiera. Durante los últimos 30 años, he coacheado cientos de miles de personas, muchas de las cuales están casadas. Otros estuvieron casados alguna vez, pero ahora están divorciados. En mi opinión profesional, no más de 10% ó 15% de esas parejas casadas están realmente felices. El 85% de los casados, pero no felizmente, producen excusas, justificaciones y racionalizaciones. Dicen, "Estoy casado por mis hijos. Estoy casado porque di mi palabra. Me mantengo casado porque creo en Dios y mi interpretación es que Dios dijo que el divorcio es malo y equivocado. Me mantengo en este matrimonio porque tengo miedo de estar solo. Me mantengo en este matrimonio porque me da seguridad financiera. Sigo casado porque realmente lastimaría a mis padres si me divorcio." Algunos siguen casados porque miran a su esposo y piensan, "Bueno, podría ser peor. Por lo menos éste tiene pulso." O tal vez él se da cuenta que ella cocina y hace los quehaceres de la casa. Él se da cuenta que básicamente ella es una buena persona, "No es lo que yo realmente quiero, pero está bien, así que me quedaré. Supongo que es mejor que estar solo." Se ha estimado que un 40% de los matrimonios están afectados por la infidelidad de una o ambas partes. Claramente algo está deficiente en la mayoría de los matrimonios.

Un porcentaje muy bajo de estas parejas casadas que yo conozco, en mi opinión, están enamoradas. Cuando digo "enamoradas," me refiero a parejas que no solamente desean pasar el resto de su vida juntos, sino crear una vida extraordinaria juntos. Me refiero al tipo de relación en el que puedes ver y sentir el amor cuando estás cerca de ellos. Es como una experiencia mágica—la energía fluye, la conexión es natural, el respeto está presente, y el amor es palpable.

Desafortunadamente, veo muy pocos ejemplos de relación en el campo de golf. Cuando terminamos de jugar, muchos de los hombres casados se quedan en el bar tomando con otros. No hay un sentido de urgencia o deseo de regresar a la casa. Todos se quieren quedar en el club el más tiempo que puedan. Raramente escucho a alguien llamar a su casa para hablar con su esposa, y cuando lo escucho, casi nunca escucho las palabras "te amo." ¿Yo? Yo no puedo esperar llegar a casa. Yo no puedo esperar a llegar y ver a mi esposa, a mis hijos, a estar en sus vidas: ir a sus presentaciones, ir a sus clases de *cheerleading*, ir a sus eventos deportivos, escuchar lo que pasó durante su día, ayudarlos con la tarea. Yo amo mi vida. Si no le cortamos las alas a las personas, podemos producir una sociedad llena de personas que se preocupan por sí mismo y por los otros.

Hoy día, la obesidad es uno de los problemas más grandes que confronta América. En los Estados Unidos, la obesidad se ha convertido en un negocio multibillonario. Nuestro país es la nación más obesa en el mundo. Nosotros no sólo comemos. Nos llenamos como piñatas. No comemos de manera saludable. ¿Por qué no nos cuidamos? No empieza con la comida. Todo empieza con nuestra mentalidad, nuestras actitudes. Comemos para adormecernos, para evadir, o apaciguar nuestro dolor. Nuestras madres y padres también están comiendo para medicarse y soportar el dolor que han aguantado dentro de su propia historia—dolor que ahora le han pasado a sus hijos. El resultado es que estamos creando una sociedad de dolor, sufrimiento, y victimización, y se la estamos pasando a la siguiente generación.

Si dejáramos de cortarle las alas a las otras personas, veríamos como disminuirían los casos de *bullying*. Ahora mismo, *bullying* es un gran y peligroso problema en nuestras escuelas. Yo pensaba que el *bullying* era malo cuando era un niño. Parece mucho peor ahora de lo que fue hace cuarenta años. Las redes sociales como Facebook, Twitter, Instagram, y Snapchat facilitan el *cyberbullying* simplemente con presionar una tecla. Hay tantas formas de castigar a los niños, de hacerlos sentir mal, de avergonzarlos, de hacerlos sentirse horrible sobre sí mismos. Cuando yo era un niño, las peleas se resolvían con los puños al final del día en la escuela. No estoy diciendo que eso es una forma mejor o más saludable, porque también nos estábamos cortando nuestras alas en aquel entonces. Lo que estoy diciendo es que estamos perpetuando y fomentando una sociedad llena de violencia y miedo. Los niños y las niñas tienen miedo de ir a la escuela. Tienen miedo de cómo se ven, de lo que otros están comentando sobre ellos en sus computadoras, sobre cuántos amigos tienen en Facebook, y si alguna foto vergonzosa o escandalosa de ellos ha sido publicada para que todo el mundo la vea.

Nuestros adolescentes están cometiendo suicidio con alarmante frecuencia. Cuando yo era niño, no conocí a una sola persona que haya querido quitarse la vida. Yo crecí en Boston, y asistí a una escuela secundaria grande con más de 2,000 estudiantes. Terminar tu vida no era una opción que la gente discutía, no importaba cuán difícil era el reto que enfrentaban, ya fuera en la casa o en los pasillos de la escuela. Hoy día, desafortunadamente se ha convertido en algo común escuchar sobre jóvenes que se han suicidado. Ocurre casi a diario, y entonces es publicado en todos los canales de noticias. El suicidio de adolescentes ha aumentado un 25% durante los últimos 25 años en los Estados Unidos. Muy a menudo ocurre como resultado del imparable *bullying*, no sólo por adultos sino también por otros jóvenes, cortándole las alas a sus compañeros. Claramente, necesitamos hacer un mejor trabajo como padres criando a nuestros hijos. Nuestra contribución más importante es nuestra habilidad de relacionarnos con ellos, de conectar. Nuestros deberes no son sólo enseñar, regañar, y disciplinar.

También estamos experimentando la violencia con armas de fuego como nunca antes, no sólo en nuestra sociedad en general, sino desafortunadamente en nuestras escuelas. ¿Recuerdas la tragedia que ocurrió hace dieciséis años en la escuela secundaria Columbine en Littleton, Colorado? Nuestra nación entera sollozó. Yo lloré. No fue el primer acto de violencia en América, pero marcó el primer acto de este tipo en una escuela. Nos estremecimos hasta el centro de nuestro ser. Estábamos asustados y con temor de porqué había pasado, y cómo fue que pasó, o si pasaría otra vez. Si podría pasar en una escuela de clase media, en un pueblo del suburbio como Littleton, ¿por qué no podía pasarle a nuestros niños? ¿No deberían sentirse seguros en sus salones de clases y escuelas? Se reveló que los dos asesinos habían coleccionado armas y municiones, preparándose para el ataque en el garaje de sus padres. Cuando se le preguntó a los padres si sabían de eso, dijeron que no se habían dado cuenta. ¿Cómo es posible, como padre, haber tenido un armamento en su garaje y no saber nada al respecto? No tiene sentido. Y no lo tendrá, hasta que miremos profundamente la raíz de la causa de estos comportamientos peligrosos. Vemos el daño que unos niños le hacen a otros por los problemas que tienen en sus hogares. Esos problemas, sean causados por padres divorciados, violencia doméstica, alcoholismo, abuso emocional, pobreza, estrés financiero, falta de comunicación, falta de amor, falta de conexión, u otras formas de disfunción, resultan en una sociedad que se ha convertido en una copia exacta de nuestros hogares rotos y nuestras tensa vida familiar. Nos han cortado las alas y estamos en búsqueda de venganza. Queremos que otros sufran, que sientan el enorme dolor que nosotros sentimos. Cortamos alas con la esperanza de sentir algún tipo de alivio o algún tipo de satisfacción en su lugar. Pero terminamos sintiéndonos vacíos, y muchas veces, peor.

Esto se trata simplemente de la teoría de *causa y efecto*. Hace mucho tiempo, el filósofo griego Aristóteles notó que las cosas no pasan simplemente al azar. Muchos miramos al mundo y lo vemos como es, resignándonos ante la evidencia que observamos en la superficie. No tomamos el tiempo de usar nuestra maravillosa imaginación para descubrir la fuente de lo "que es." En nuestra sociedad, hemos acuñado una de las frases mas patéticas en el idioma inglés: "Es lo que es." Esto se dice a menudo como una forma de resignación cínica versus la aceptación, la cual nos daría poder y opciones.

Toma un momento para imaginar si creáramos y viviéramos en una sociedad donde la gente verdaderamente se preocupara por sí misma y la calidad de su vida. Una sociedad donde la gente creyera en sus sueños, sus visiones, y sus propósitos. Este nivel de acercamiento es la forma en que nos cuidaríamos mutuamente. Tal vez, inicialmente no podríamos eliminar por completo el *bullying*, pero por lo menos podríamos empoderar a los niños a pararse y hacer que sus voces se escuchen, para que hagan la diferencia por otros niños que requieren apoyo. Algunos de los niños que practican el *bullying* tienen problemas de confianza, son inseguros, y dudan de sí mismos. ¿Pero imagina lo que sería posible si otros los buscan y se proponen empoderarlos? Esto podría resultar en altos niveles de confianza, mayor participación, mejor actitud, mejor deseo de ser excelente en clases, y un mayor sentido de seguridad para nuestras escuelas y nuestros niños.

Podríamos vivir en una sociedad donde nadie gana a menos que *todos ganen*. En su lugar, vivimos en una sociedad donde cada cual está interesado en cómo avanzar su propia agenda. Es cada hombre por sí mismo. El juego es la supervivencia del más fuerte, y ha estado con nosotros desde el inicio del tiempo registrado en la historia. ¿Cómo ha resultado el juego hasta ahora? ¿Quién realmente está ganando este juego de sobrevivencia? Cada vez que ganas a expensas de la auto estima, dignidad, o vida, disminuyes ese mismo ganar. Tú siempre sabrás, en el fondo, dónde vive tu autenticidad y si ganaste en integridad o no.

La cultura y el ambiente actual en el que vivimos no crean espacio para relaciones fuertes y confiables. Cada puerta en cada comunidad está doble y triple, y cuadrúplemente cerrada con las más fuertes cerraduras. Usamos sistemas de seguridad y alarmas. Estamos armados hasta los dientes. Los americanos poseen un estimado de 300 millones de armas. Texas acaba de pasar una legislación para el permiso de portar armas. Tenemos miedo de salir, y nos preocupamos constantemente sobre dónde están nuestros hijos. En vez de hablar con nuestros vecinos, manejamos nuestros gigantes vehículos directo a nuestros garajes. Ni siquiera sabemos quién vive cerca de nosotros. ¿Qué sería posible si dejáramos de cortarnos nuestras alas y las alas de los demás? ¿En qué clase de comunidad viviríamos? ¿Qué podríamos crear? ¿Puedes imaginarte un ambiente donde nos despertamos cada mañana, abrimos las puertas, y vamos afuera a hablar y conectar con nuestros vecinos y nuestro vecindario? Imagina un ámbito donde ya no tuviéramos que preocuparnos por trancar nuestras puertas. Que lo que creamos es confianza y comunidad con la gente que vive a nuestro alrededor. Imagina celebrar días de fiesta juntos, creando diversión y fiestas seguras, durante las cuales nuestros niños puedan jugar e interactuar como hermanos y hermanas. En este mundo, si tuvieras que pedir algo de azúcar, podrías enviar a tu hijo a la casa de al lado y él regresaría no sólo con azúcar sino además con unas galletas recién horneadas. Imagina crear una sociedad donde nos cuidamos mutuamente, trabajamos juntos, y estamos uno por el otro. Donde hay cierto nivel de confianza y humanidad. No sólo una sociedad civilizada—sino una civilización. Como dice un viejo proverbio africano, "Hace falta una aldea para criar a un niño".

Otros países no tienen estadísticas tan desalentadoras como las nuestras. En los Estados Unidos ahora mismo, el Centro de Control de Enfermedades (CDC) estima que uno de cada cuatro niñas y uno de cada seis niños será abusado sexualmente antes de los 18 años de edad. Estos números incluyen solamente los casos que han sido reportados; muchos más pasan sin ser reportados. Se estima que existen más de 42 millones víctimas de abuso sexual en América hoy en día. Y las estadísticas ni siquiera incluyen abuso físico, mental, verbal o emocional.

En mis entrenamientos, a menudo pregunto si alguien ha sido abusado física, mental, verbal, o emocionalmente y, usualmente, 90% de las manos se levantan en señal de afirmación. Le estamos cortando las alas a nuestros niños golpeándolos: golpeándolos con nuestras manos, golpeándolos con nuestros puños, golpeándolos con nuestras revistas, nuestras correas, nuestros cinturones, golpeándolos con un palo. Hay personas que literalmente le han pedido a sus hijos que vayan afuera y arranquen el palo del árbol para luego golpearlos con el mismo. ¿Es esto aceptable? ¿Suena esto como el resultado y las mejores acciones del país más poderoso de la Tierra? Si le preguntáramos, cualquier americano decente diría que esto es totalmente inaceptable. Hay otras sociedades donde el abuso sexual son una anomalía. Es un *shock* y prácticamente no es algo que se escuche a menudo. En nuestra sociedad, es parte de nuestra vida diaria. Y ésos son sólo los casos que sabemos.

¿Qué puedes hacer al respecto? ¿Cómo puedes dejar de cortarle las alas a otros? Una poderosa forma es infundiéndoles una visión y un propósito de vida. Una visión y un sentido de propósito que les dé la oportunidad de compartir sus hermosos dones con el mundo que los rodea y no sólo ver la belleza en otros, sino pedirles cuenta de traer esta belleza a la vida. Recordemos la cita bíblica que dice, "¿Soy acaso el guardián de mi hermano? La respuesta más corta

¡SÍ! Debemos darle a la gente amor, compasión, y entendimiento y debemos hacerlo urgentemente. Usemos nuestro poder de manera constructiva. Para comunicar nuestros pensamientos, conceptos, estrategias e ideas que muevan a la gente hacia delante. La vida de otros está literal y figurativamente en juego.

Si dejamos de cortarnos las alas, podríamos crear una sociedad ideal. Pregúntate: ¿Por qué hemos decidido tener hijos? ¿Cómo podemos convertirnos en los padres que los nuestros nunca fueron? ¿Qué clase de persona queremos ser? ¿Cómo nos desarrollamos como padres? ¿Cómo podemos ser ejemplo para nuestros hijos y el viento que los empuja a volar?

Imagínate que en vez de cortar alas, nos convirtamos en el viento debajo de las alas de nuestros esposos y esposas. Por ejemplo, podrías empezar tratando de no reclamarle a tu esposo todo lo que no hace o lo que debe hacer apenas llega a casa. Tal vez estás emocionalmente frustrada por tu elección de haber abandonado la carrera que tú querías mientras que tu esposo se lanzó por la suya. O tal vez él está dando su todo, trabajando duro, haciendo dinero, y haciendo lo que sea para proveer para ti y la familia. ¿Qué tal si pones a un lado tu decepción o aburrimiento cuando él viene a casa después de un largo día de trabajo? En vez de cortarle las alas enfocándote en el hecho de que no sacó la basura según lo había prometido, lo recibes en la puerta cuando llega, lo agarras apasionadamente en tus brazos y le dices, "Mi amor, estoy tan orgullosa de ti. Te amo. Eres mi hombre, mi héroe. Eres la roca de esta familia." ¿Te puedes imaginar la expresión en su rostro? ¡Por supuesto! ¿Y por qué tiene que ser lo primero que digas? ¿Puedes estar consciente de las conversaciones de tu ego y tus voces limitantes justo a tiempo para interrumpirlas, para enfocarte en él y en lo que él quiere y necesita?

O por otro lado, tal vez tú sabes que tu esposa quiere tu ayuda con los quehaceres, pero nunca te lo pide. Ella no te pregunta porque piensa que a ti no te importa o porque no quieres contribuir. En vez de esperar a que te lo pida, en vez de comportarte egoístamente como un príncipe, por qué mejor no te levantas apenas terminan la cena, asegurándote que ella se quede sentada, y le dices que se relaje. Inclusive la llevas al sillón y le das el control remoto. Le dices que ponga el programa que ella quiera ver, y apenas termines de lavar los platos, estarás con ella para conectar y compartir el programa que ella haya escogido. Le estarás mostrando que la amas y lo mucho que te importa haciendo algo que normalmente sería su tarea. Aún más importante, es cómo lo haces, en un verdadero espíritu de contribución. No es sólo un acto de amor. También es una elección consciente de no cortarle sus alas. ¿Cuáles son las ventajas de todo esto? Primero que todo, ella se sentirá amada y apreciada, y sabrá que estás de su lado, que eres su compañero. Se convierte en algo más que un simple gesto. Ella no sólo sentirá amor, ella tendrá la experiencia de *estar enamorada*. Y se va a enamorar de *ti*, no del tipo que limpia la piscina en la serie *Sex and the City*. ¿Por qué? Porque tú eres el viento debajo de sus alas.

Así que no pases la mayor parte de tu tiempo buscando lo que está mal, o lo que está faltando, y lo que no está funcionando. Más bien, necesitamos enfocar nuestra energía, creatividad y poder en lo que queremos, en las posibilidades que existen en nuestras vidas.

El cambio es posible, ya sea cuando hacemos una diferencia en la forma en que criamos a nuestros hijos, en la forma en que participamos en nuestra relación romántica, o en la forma en que interactuamos con nuestras familias. ¿Qué tal si no andamos cortándonos las alas? Digamos que tu hija obtuvo una "B" en un importante examen. Ella no es un fracaso sólo por haber obtenido una "B." Sí, tal vez no es excelente como una "A", pero la "B" no se acerca para nada a un desastre. Ahora imagínate sentándote con ella para apoyarla y tomarla bajo tus alas. Le haces saber cuánto la amas y cuánto te importa que ella se desempeñe lo mejor posible de acuerdo a sus habilidades. ¿Hay algo malo en eso? No, por supuesto que no. Ayúdala a darse cuenta de cómo pasar de una "B" a una "A", y más importante aún, el valor que existe en lograrlo. ¿Qué requerirá de ella? ¿Qué es lo se requiere para mejorar? ¿Cuáles son las formas en las que la puedes apoyar?

Éste es un ejemplo de mi propia vida: Mi hija, Savannah, una vez fracasó en una clase de matemáticas en su semestre final del noveno grado. Antes del comienzo del siguiente año escolar yo me senté con ella y le dije, "Mi amor, éste es un nuevo año con nuevas oportunidades y nuevas posibilidades." Todo lo que has hecho hasta ahora no va a importar si logras ponerte al día. Así que mi primera pregunta para ti es, ¿Cuáles son las calificaciones que son aceptables para ti y por qué? ¿Cuán importante es para ti llevar tus estudios en matemática al día? Yo le pregunté esto de manera amorosa, en apoyo y sin juicios.

Ella me habló de su visión para su futuro, incluyendo algunas de las carreras que le gustaría estudiar. Una de ellas era ser una reportera de deportes, como escritora o comentarista. Hablamos de los diferentes colegios que ofrecen carreras en periodismo, colegios a los que podría aspirar a aplicar en el futuro. Hablamos de las calificaciones que necesitaba tener para que esos colegios fueran una opción para ella. Yo le pregunté, "¿Cómo crees que te sentirías sobre ti misma si subes tus resultados en matemática y te das la oportunidad de alcanzar la carrera de periodismo? Su rostro se iluminó con una emoción genuina, entusiasmo y confianza. Fue como si en ese momento, ella pudiera visualizar sus futuras experiencias y la manera en que se sentiría, como si ya hubiera pasado. He aquí hay un poderoso concepto. Quiero que hagas lo que hizo mi hija ese día—imagínate parado en el futuro, como si ya hubiera pasado y estás mirando hacia atrás al presente. ¿Qué ves para ti? ¿Cómo se diferencia de lo que tienes ahora?

Ese día, Savannah y yo creamos un plan comprensivo detallando cómo lograría su visión y todo esto por su propia felicidad, no por su mamá o su papá. Ella iba a estudiar, hacer sus tareas a diario, y revisar su tarea dos veces antes de entrar a la siguiente clase. Ya no estaría satisfecha con simplemente completar una prueba, simplemente pasarla. La nueva intención de Savannah era revisar sus respuestas y estudiar bien su trabajo. También se comprometió en tener calificaciones más altas en todas sus clases, y no mejorar solamente en esa materia. Entonces le pregunté, "¿Cómo te puedo apoyar? ¿Qué puedo hacer yo? Eres mi hija y te amo. Si tú no ganas, yo no gano. Estamos en esto juntos." Y ella me dio una respuesta detallada, "Quisiera hablar contigo sobre eso todos los días," me dijo. "Quiero que me recuerdes hacer mi tarea porque sabes que a veces me distraigo, y a veces me pongo perezosa. Y me gustaría que me apoyaras si no entiendo algo."

Y yo dije, "Por supuesto. Haré todo lo que me pidas que haga. Estaré a tu lado en cada paso del camino."

Y así nada más, nuestro compromiso en común hacia sus estudios se convirtió en el equivalente de una sociedad, un equipo. La actitud de mi hija y su confianza se habían transformado al final de nuestra conversación, y por supuesto, ella disfrutó de un excelente inicio de escuela. Ella logró As y Bs en su clase de matemática durante todo el año, culminando con un promedio de "B", exactamente lo que ella quería. Ésta es la misma chica que había recibido una "F" el año anterior, que se había convencido a sí misma que no era lo suficientemente inteligente para las matemáticas. Su autoestima se había afectado grandemente como resultado de esa convicción. Sus calificaciones de los años anteriores no eran aceptables para una persona que tenía la intención de ir a la universidad, y se sentía fatal consigo misma por eso. El día que tuvimos nuestra conversación, pudimos interrumpir su experiencia dolorosa y las creencias limitantes a través de mi coaching, y al hacer un esfuerzo consciente de no cortarle las alas. En vez de eso, trabajamos juntos.

Muy a menudo, los padres esperan que sus hijos manejen las cosas por sí solos, especialmente cuando llegan a la adolescencia. Es muy importante apoyar a nuestros hijos en lo que empiezan a abrir sus alas para volar, pero recordemos que es un proceso de aprendizaje. No es nuestro trabajo como padres ser los jueces, el jurado, ni el verdugo de los sueños de nuestros hijos. Podemos crear muchas cosas positivas para nosotros y para ellos si aprendemos a ser el viento debajo de sus alas.

Los retos siempre surgirán. El mundo nos tirará curvas. Siempre habrá un cínico allá afuera, alguien que dice que no se puede hacer, que es imposible. Tú dices que estás enamorado y las mujeres te dicen, "Todos los hombres son unos perros, sólo quieren una cosa." Cuando dices que serás un empresario rico, famoso y exitoso algún día, algunos amigos te envidian o simplemente te menosprecian, y tal vez dicen, "Tú no eres suficiente, y nunca va a ocurrir." Lo que sea, siempre habrá alguien allí para retar tus sueños y visiones, para decirte que lo que quieres no es posible. El escritor y filósofo francés Voltaire una vez dijo, "Es difícil liberar a tontos de las cadenas que ellos veneran." A algunas personas les encanta tener la razón acerca de por qué algo no puede lograrse. Qué pena, y qué pérdida de energía.

Lo opuesto de cortarle las alas a alguien es inculcarles la creencia y la confianza para levantarse en cada una de las situaciones, no importa los retos y los obstáculos que enfrenten. Al hacerlo, pueden transformar obstáculos en oportunidades, fallos en logros, y limones en limonadas. Es cuestión de tener el poder, la confianza, y la convicción para crearlo. Imagínate decirle a tus empleados "¡Esperen un minuto! Yo soy el jefe. Ustedes hacen lo que yo digo, no lo que yo hago. No quiero escuchar sus opiniones." Aunque a ti no te guste o no estés de acuerdo con la idea de un empleado, debes encontrar otra forma de responder a su comunicación. ¿Quieres una empresa de sólo "sí señor?" ¿Quieres una compañía de seguidores, de gente que siempre está esperando instrucciones? Aunque alguien tenga una idea débil, por lo menos hizo el intento de contribuir al mostrar el coraje de compartir su propuesta. Si tú no crees que la propuesta funcionará, nunca debes cortarle sus alas. Nunca censures una contribución, el liderazgo, la responsabilidad o el coraje. Tal vez puedes decir, "Creo que necesitaremos hacerlo de esta forma," o "Esto es en lo que creo deberíamos enfocarnos," o "Así es cómo pienso que deberíamos usar el dinero." Pero siempre quieres reconocer la contribución de tus empleados. A veces dices que sí, aunque pienses que sus sugerencias no son la mejor opción. Por supuesto, siempre les dices por qué crees que no va a funcionar. Sé honesto. Pero si están apasionados y firmes, si están convencidos de que su idea o plan va a funcionar, y están comprometidos a hacer que ocurra, entonces tal vez es hora de cambiar tu punto de vista. Dices, "Es tu decisión. Te apoyaré al 100%. Pero entiende los riesgos. Haz que funcione. ¡Adelante!" ¿Te vas a quedar de brazos cruzados, cínicamente esperando a que fracase? No, te paras con ellos y te haces disponible para cualquier coaching que sea necesario, para crear estrategias, y apoyo. Siempre apoya a tus empleados y equipos de trabajo. Aunque personalmente sepas cómo debe resolverse el asunto, a veces debes darle espacio a la gente para que descubran la forma por sí mismos. Una forma de animar y motivar a los empleados es recordándoles quiénes son. Recordarles que tienen el poder de crear lo que quieran con sus vidas. Darles espacio para que expresen sus ideas, sus sugerencias. Recuerda que las personas no siempre necesitan que otros estén de acuerdo con ellas, pero realmente necesitan ser escuchados y respetados.

En los negocios, pensar como un empresario es una forma poderosa de evitar cortarle las alas a alguien. Los empresarios viven fuera de la caja. Ellos no sólo salen de la caja de vez en cuando—ellos viven fuera de la caja, todo el tiempo. Para un empresario, lo que no es, es siempre más importante que lo que es. Un empresario está comprometido en el futuro. Detrás del escenario, la compañía Apple está diseñando productos de dos a tres generaciones más avanzados que los que actualmente están vendiendo. Viven delante de la ola, en la vanguardia. Apple entiende mejor que muchos que lo que no es, es más importante que lo que es. Ellos están 100% comprometidos en un futuro sin precedentes, en un futuro que aún se ha no descubierto. Para un empresario, no existe tal cosa como una idea mala o estúpida.

Imagina desarrollar una cultura de creatividad en tu empresa. ¿Qué podría ser posible?

Démosle otro vistazo a nuestras relaciones fuera del área de trabajo. El amor es un verbo, es acción, el amor no es pasivo. En una relación amorosa, el amor tiene muchas facetas. A veces el amor está vivo y vibrante, como una fuerza de energía apasionada que fluye por nuestro cuerpo y se quiere conectar con nuestra pareja. A veces, el amor es perdonar, abandonar la frustración, ser paciente, brindarle espacio al otro para que maneje ese algo que lo está molestando en su trabajo, aunque éste interfiera con planes previos. El único constante en el amor es que el amor no es constante.

Si declaras hoy que vas a fortalecer la conexión con tu esposa, o que vas a crear una experiencia *sexy* y de intimidad con tu amado o amada, entonces tienes un compromiso y la responsabilidad de hacer que ocurra. Ya no es sólo una idea o un concepto. Ahora es una declaración. Estás en Las Ramas Más Altas. "Hoy estoy comprometida a crear intimidad con mi amor. Estoy comprometida a crear amor, pasión y diversión con mi esposo." Puedes hacer este compromiso aunque no hayas experimentado esta conexión de amor por días, semanas, meses, o años. ¿Será posible? Sí, siempre y cuando estés convencida que nadie te puede cortar las alas. El autor Richard Bach dijo, "Las verdaderas historias de amor no tienen fin." Si somos el viento debajo de las alas, el amor nunca muere. En vez de eso, evoluciona, al igual que la oruga se transforma en una mariposa de únicos y *majestuosos colores*.

Tal vez no te gusta el béisbol, o ni siquiera disfrutas viéndolo en la televisión, pero imaginemos que tu esposo ama los *Red Sox* de Boston. Sin que él lo sepa o sin preguntarle, averigua a qué hora empieza el juego y ponte alguna ropa sexy con el logo de los *Red Sox*, ya que sabes que una vez te vea en ese atuendo, él sabrá que lo amas y que te importa. Sabrá que lo que a él le apasiona a ti te importa también. ¿Puedes imaginarte la reacción que tu esposo tendría en lo que comienza el juego? Imagina su respuesta, y más importante aún tu propia experiencia, sabiendo la conexión que creaste para los dos. Tal vez él abra su corazón hacia ti totalmente de una nueva forma, una que no ha practicado en mucho tiempo. Es algo pequeño para la persona común, pero toma un momento para imaginar lo que significaría para él debido a cuán importante son este equipo y este juego para él. Para muchos fanáticos, es una pasión de por vida que comenzó en su niñez.

Ahora, digamos que estás en la farmacia. No es Día de San Valentín, o el cumpleaños de tu esposa, o el Día de las Madres, ni nada parecido. Es sólo un día más. Estás en la farmacia de compras, comprando cosas de necesidad diaria. Mientras estás allí, aunque estés de apuro, paras y lees las tarjetas de felicitación hasta que encuentras la tarjeta perfecta con un mensaje que refleja lo especial que es tu esposa para ti. Visualizas en tu mente cuánto la amas, cuánto ella hace por los niños y por toda la familia. Encuentras el tiempo que no creías tener para buscar algo único, algo especial, no sólo la típica tarjeta de felicitación. Es un simple acto que muestra el esfuerzo, el cariño, y la sensibilidad a la misma vez. Pequeños regalos como ésos no tienen que ser caros o muy elaborados, pero pueden mostrarle a tu esposa lo especial que ella es para ti. Cuando te tomas el tiempo de buscarle algo, creas la afirmación de que la amas. Pasas de un temporero estado de erotismo, de amor erótico, a un hermoso estado de iluminación de lo que realmente se puede crear en tu vida amorosa a diario— un intenso, profundo y entrañable amor. Esto es posible con *pensamiento y acción consciente.*

Muchos de ustedes provienen o tienen familias mixtas. Aún si tus hijos no son hijos biológicos, puedes crear una relación amorosa, conectada e influyente con ellos. Como ejemplo, yo tengo tres hijastros: Andrew, Haley, y Conner. Esto es algo que le agradezco a mi papá, Bob por enseñarme, no sólo con sus palabras, sino con su comportamiento y acciones. Siempre nos trató a Larry y a mí como si fuéramos sus hijos. Yo amo a cada uno de mis hijos de manera individual. Ellos son únicos, y me relaciono con ellos y conecto con cada uno de manera diferente.

Empecemos con Andrew. Andrew es muy inteligente, y vaya que lo sabe. Yo he trabajado duro para desarrollar un nivel de confianza con él, de manera que él sabe que a mí genuinamente me importa. Con el tiempo, se ha abierto hacia mí y no tiene miedo de hablarme prácticamente de cualquier tema, incluyendo chicas y sus sentimientos o inseguridades. Aunque es adolescente y a veces experimenta las comunes rabietas de esta etapa, nos podemos relacionar en diversos y variados temas y nos mostramos afecto hablando, comunicándonos, y dialogando. Desde deportes, política, negocios, hasta los eventos mundiales, él está interesado en aprender y descubrir su propio punto de vista. Él también tiene un fantástico sentido del humor, y me encanta cuando simplemente lo deja salir. A veces, empieza a cantar, bailar, y hacer locas expresiones faciales. Para él hacer eso frente a Hillary y a mí significa que se siente seguro de sí mismo, sabiendo que no será juzgado, sabiendo que es amado. Le tomó cierto tiempo, pero ahora de manera abierta él me dice, "te quiero."

También somos padres de mi niña de once años de edad, Haley. Ella ama la música, Instagram, el canal de Disney, la moda, y sus amigos y amigas. Imagínate cómo sería nuestra relación si yo sólo le hablara de deportes y política. ¿Crees que se sentiría cómoda hablando conmigo? ¿Crees que sentiría que yo la entiendo, o que me importa? No siempre tiene que tratarse de ti, de lo que *tú* quieres y de *tus* prioridades. Por supuesto tú eres el padre o madre, el "jefe" o la "jefa", pero el título no crea la relación o la conexión. La conexión que yo creo con ella existe no sólo por interesarme en las cosas que a ella le interesan, sino también siendo sensible a sus emociones, que son sumamente altas, 24/7. A veces me siento y le pido que ponga una de sus canciones favoritas. Inclusive canto con ella, para demostrarle que me importa, y también para hacerle ver que mi disposición a cantar no tiene nada que ver con mi habilidad musical. ¿Realmente te lastimaría grandemente escuchar la última canción de Ariana Grande? Yo estoy seguro que lo pasarías más que bien. Pero lo que no pasarías nada de bien sería si ella se cerrara por completo a ti, convencida de que no la entiendes.

Esto me lleva a hablarles de Conner. Él es exorbitante, con alta energía, y bien brillante. Le gusta jugar juegos y hacer cosas, y siempre está inventando nuevas formas de experimentar la vida. Nosotros hablamos de sus temas de interés: la escuela, el fútbol, sus amigos, los animales, y lo que quiere ser cuando crezca. Pasar tiempo con Conner siempre requiere nuestra atención total. ¿Por qué? Porque él es como una presentación del *Cirque du Soleil*. Nunca hay un momento de aburrimiento cuando Conner está cerca. Una de las formas principales en las que he podido crear una excelente relación con Conner es mostrándole que lo amo y que valoro sus pensamientos. Él es el más joven, y no es fácil para él, con tantos hermanos mayores que tiene para emular. A veces, él siente que recibe un tiempo de calidad mínimo, así que Hillary y yo nos aseguramos de que se sienta importante y especial. Y porque él sabe que me importa, le he podido enseñar sobre el *rock and roll*, y hemos comenzado lo que yo llamo "Educamusación de Conner." Es una palabra que inventé que en esencia es una abreviación de "educación musical." Y no se trata de escuchar cualquier tipo de música, sino lo que yo llamo las "Esenciales de Michael." Las mezclamos: *Flight of the Conchords*, *Beastie Boys*, *B-52's*, *Led Zeppelin*... bueno, ya captas la idea, ¿cierto? El balance es importante cuando intentamos no cortar las alas.

Para evitar cortarle las alas a tus hijos, necesitas relacionarte con ellos a su nivel, conectar con ellos, encontrarlos donde se encuentren. No escuches sólo *rock and roll* cuando estás con tu hija si no es eso lo que ella quiere oír. En vez de eso, averigua cuándo su artista favorito estará en su ciudad y llévala al concierto. ¿Te imaginas lo *cool* que te verías ante sus ojos si eres tú quien le enseña la última canción de moda? Pon el CD en el auto camino a sus prácticas de ballet o a otros lugares. Canta en voz alta tengas el tono o no. Anímala a que cante contigo; ella pensará que eres lo máximo. (Pero definitivamente, *no* cantes en la presencia de sus amigas; ya eso es pasarse). Tu participación activa te llevará bien lejos en crear la conexión que la ayudará a volar y surcar los cielos. ¿Qué tal planear un juego de video? No importa si eres bueno o no, el mero hecho de jugar y que te interese será suficiente. Por lo menos haz un esfuerzo para observar sin cortarles las alas con comentarios críticos como, "Esto es estúpido. No puedo creer que estés perdiendo el tiempo pudriendo tu mente," y cosas como ésa. Podrás superar tu aversión a los juegos de video, pero no podrás superar la desconexión y el estar fuera de una relación valiosa con tus hijos.

Con tus empleados, toma el tiempo para reconocerlos regularmente, dos o tres cosas que están haciendo bien. Tal vez solamente te estás enfocando en las cosas que no están funcionando o las que necesitan mejorar. Si no hay balance entre lo que está funcionando y lo que no está funcionando, entonces la persona sentirá que sólo te estás concentrando en el lado negativo todo el tiempo. No se sentirán empoderados, y si se sintieran así, ¿cuán mejor podrían hacer su trabajo y tareas? ¿Qué precios pagarían tú y tu empresa? Piensa en los errores que has cometido en tu pasado en tu relación con tus empleados que te ha llevado a fallos más grandes que el de un individuo en particular.

Si eres un empresario con un nuevo negocio, o comenzando tu carrera, tu primer objetivo es crear una visión para la empresa. A menudo, en las etapas iniciales, la información financiera, el flujo de efectivo y el capital, determinan las decisiones que tomes. El flujo de efectivo y el uso del capital son esenciales, pero es necesario desarrollar un plan de negocios sólido. Necesitas identificar cómo generar más negocio, atraer clientes, crear oportunidades de mercado, desarrollar relaciones, y establecer credibilidad. Por lo regular esto requiere una inversión, y obviamente una inversión trae consigo un riesgo. Como empresarios, aceptamos y abrazamos el riesgo, pero no los riesgos ciegos. Ciertamente, para triunfar es esencial investigar y completar las gestiones necesarias para emprender tu nueva compañía. Los riesgos inteligentes están respaldados por pensamientos analíticos, la lógica y el pensamiento crítico. Si estás motivado por tu visión y confianza, podrás tomar riesgos con pasión y agresividad. Es importante combinar esos dos conceptos. No puedes permitir que el miedo y la impaciencia controlen tus decisiones. No debes dejárselo a la suerte y estancarte contemplando las posibilidades u óbstaculos de los escenarios. *Los empresarios nunca se cortan sus propias alas.*

Gastar dinero en un negocio, puede ser visto como una deuda, y en cierta forma lo es. Pero también puede ser visto como una inversión. Comprar o invertir en algo es como sembrar una semilla o un cultivo, y a menudo, es difícil ver el progreso inmediatamente. La naturaleza de invertir es la idea de que tu dinero crecerá y se expandirá, y con el tiempo el negocio será viable. Todo dueño de negocio o empresario entiende que hay cierto nivel de riesgo en cualquier aventura, pero mientras el riesgo que tomes sea consistente con la visión de tu negocio, entonces la expectativa es que eventualmente, con la estrategia apropiada, la cosecha florecerá y las ganancias entrarán. Los empresarios más exitosos madrugan, trabajan con sus mentes y con sus cuerpos, preparándose para crear cada uno y todos los días. Imagínate si te preguntas a ti mismo a diario, "¿Qué haré hoy para que mi negocio sea exitoso? ¿qué estoy comprometido a crear hoy—o esta semana, o para este viernes a las 6 en punto de la tarde—que pueda mover la pelota, figurativamente hablando, más cerca de la línea de la meta?"

Cuando estoy coacheando a alguien, siempre pregunto dos cosas importantes: "¿Cuántos? y ¿Para cuándo?" Al responder estas dos preguntas, entras a un juego en el cual tienes que rendir cuentas cada día, y que te ayudará a crear *checkpoints* hacia el logro final de tu visión y del éxito de tu negocio.

Como empresario, una de tus mayores prioridades es rodearte de un equipo de campeones. Para tener éxito, quieres ser excelente en todo lo que hagas. No eres perfecto, y ciertamente no eres el máster de todas las cosas. La habilidad de ser honesto contigo mismo acerca de tus propias destrezas, talentos y habilidades, es esencial en determinar lo que debes buscar en otras personas. La mayoría de los negocios no son la operación de un solo hombre o una sola mujer. Requieren la experiencia, el compromiso, la dedicación, y las habilidades de diferentes contribuyentes. Lo ideal es que cada miembro agregue su ingrediente especial para llevar la empresa al éxito, no sólo en sus inicios, sino estableciendo una plataforma para la futura expansión de la compañía. Reconocer tus debilidades y retos no es cortarte las alas. Es una señal de fortaleza de carácter y confianza en la visión y el éxito de tu misión.

Una vez identificas claramente quién eres y quién no eres, entonces te puedes rodear de gente que tiene esas cualidades que tú no tienes. Estás creando un equipo campeón, persona por persona. Imagina lo que pasaría si tu equipo central, los fundadores, todos tuvieran las mismas habilidades y estilos de personalidad. Imagínate que todos fueran deficientes en áreas que son necesarias para que el negocio tenga éxito. ¿Qué ves cuando observas a tu equipo principal? Necesitas asegurarte que cada habilidad que necesitas está cubierta por lo menos por una persona. Sólo entones podrás llevar el negocio hacia un camino exitoso en el futuro.

Ahora pregúntate a ti mismo qué puedes hacer hoy para asegurar que este negocio esté en el camino hacia su visión. ¿A quien podrías contratar, con quién trabajarías, o cómo podrías rodearte del tipo de personas necesarias para hacer del negocio un éxito? Una vez tengas reunidos este grupo de súper estrellas, ¿cuáles son los primeros pasos que debes tomar para que estén alineados con la visión? ¿Qué puedes hacer para transformar la visión de esta empresa en una realidad? ¿Qué valores son consistentes para hacer que esto ocurra? ¿Cuán grande es la brecha entre dónde estás y la implementación de este exitoso negocio? ¿Específicamente cuál es la brecha? ¿Dónde te está faltando enfoque? ¿Dónde no estás haciendo tu trabajo al nivel que se requiere? ¿Dónde se le están cortando las alas de la empresa? Y ¿quién las está cortando?

La gente de negocios es por lo regular víctima de las circunstancias, víctima de la economía o de la bolsa de valores, víctima de la competencia, y víctima de la falta de preparación, de haber determinado unos gastos muy bajos, o de haber calculado un éxito exagerado. Teniendo en cuenta todo esto, ¿cómo puedes ir tras tu visión, o dirigir tu empresa de una forma totalmente nueva? ¿Qué historias, excusas, o justificaciones tendrás que abandonar? ¿Qué va a requerir de ti para rediseñarte como un líder, como equipo, como organización? Tanto en tu vida como en tus relaciones, no dejes que otros te corten las alas, no te cortes tus propias alas, y no le cortes las alas a la gente que te rodea. Vas a necesitar esas alas para llegar a Las Ramas Más Altas.

¿Pero qué pasa si alguien te trata de cortar tus alas? Recuerda que siempre cruzarás tu camino con el de gente cínica, o con alguien que tiene miedo o que tiene sus propias creencias limitantes debido a sus propias experiencias pasadas. Desafortunadamente, la cultura del mundo donde vivimos ahora es similar a la de los cangrejos de arena. En el mundo de los cangrejos, cada vez que uno trata de liberarse e irse por sí mismo, el resto de los cangrejos lo alcanzan y lo halan de nuevo hacia el grupo. Esta tendencia es tan fuerte, que puedes poner los cangrejos en una olla destapada sin preocuparte de que se vayan a escapar. A menudo, lo que le impide a las personas celebrar el éxito de otros, es la decepción de la vida que ellos mismos eligieron. El punto clave aquí es que ellos fueron los que la eligieron. Ellos tenían que elegir y eligieron.

Es importante estar despiertos y conscientes de que la gente nos ofrecerá criticas y retroalimentación negativa, solicitada o no. Mientras más grande sea el juego que juegues, mucho más te retarán. Tienes que aprender a escuchar sin ceder tu poder. Si alguien hace una observación o comentario sobre ti, es ¿automáticamente cierto? A veces sí, a veces no. ¿Qué tal si sólo están buscando una reacción? Tal vez su intención te está clavando una espina, o está simplemente empujándote los botones? Por lo regular reaccionamos exactamente de la forma en que esos instigadores quieren. Tal vez lo que están diciendo es sólo su opinión, su punto de vista, su interpretación. Pero ésta también podría ser una oportunidad para examinar la situación objetivamente y asegurarte que no estés mostrándote de alguna manera destructiva o inefectiva. Tal vez fue la forma en que comunicaste tus pensamientos, o el tono que usaste, o tal vez la actitud que percibieron de ti. Si tú eres dueño de tus *propios pensamientos*, nadie te puede cortar las alas.

Como seres humanos, constantemente recibimos retroalimentación y nueva información de la gente a nuestro alrededor, y muy a menudo nos vendemos a la opinión de la mayoría y simplemente nos adaptamos. La otra noche asistí a una cena de negocios con mi esposa. Antes de ir le pregunté si sabía lo que estarían sirviendo, conociendo que estoy en una dieta especial y que ya no como carne roja. Sí, vivo en Texas, la capital del bistec en el mundo. Empecé a preocuparme de que pudiera volverse una situación abochornante, dado que es común que sirvan carne en este tipo de eventos. Le dije a mi esposa, "Mi amor, quiero que sepas que rehusaré comer carne roja si la sirven. ¿Crees que servirán hamburguesas vegetarianas?" Yo estaba medio bromeando, pero realmente estaba empezando a pensar en ello. ¿Qué voy a hacer si me encuentro en la situación donde todos estamos sentados en esta gran mesa donde estén sirviendo bistec, y yo soy el único que no lo va a comer? ¿Cómo voy a manejar las situación? ¿La incomodidad de no seguir a las masas? ¿Qué voy a hacer para mantener mi integridad intacta mientras estoy honrando mi visión con mis salud? No quería que los anfitriones ni invitados se sintieran juzgados por mí, ni tampoco quería atraer la atención innecesaria hacia mí y mis restricciones alimenticias.

Para crear una vida que valga la pena vivir, yo necesito estar VIVO para crearla. Y realmente a mí me gusta el sabor de la carne roja. Lo que no me gusta para nada es cómo me siento después que la como, y cómo afecta de manera adversa mi cuerpo. Uno de los retos que enfrento una vez cumplí los cincuenta años de edad fue aceptar que mi cuerpo había cambiado a lo largo de las últimas tres décadas. Hace treinta años yo podía comer bistec cinco días seguidos a la semana y luego comerme dos hamburguesas en los otros dos días. En ese entonces, no me afectaba en ninguna forma adversa que yo pudiera ver o sentir. No tenía problemas digestivos. Pero mi cuerpo ha cambiado. En los últimos cinco años, he notado que cada vez que como cualquier tipo de carne roja, mi sistema digestivo responde negativamente.

Tomé la decisión consciente de vivir saludablemente para crear la calidad de vida que realmente quiero. Por eso es que estoy eligiendo comida que sea fácil de digerir, aunque no sea lo que se me antoje o lo que desee. En cuanto a cómo me fue con la cena, terminaron sirviendo pollo. ¡Uf! Todo salió bien al final. Había decidido pararme por mi compromiso y mi salud, independientemente de cómo me hiciera sentir a mí o a los invitados. Aunque hubiera sido difícil para mí arriesgar la desaprobación, el ridículo, o el juicio, era más importante honrar mi visión y mis valores. Ciertamente, hubiera comunicado mi decisión en una forma respetuosa. La decisión que había tomado no tenía nada que ver con la opinión de ellos o sus preferencias.

Cuando cambiamos la forma en que vivimos, no sólo nos afecta a nosotros, sino que también puede tener un gran impacto en otros. Esto también es evidente cuando se trata de elecciones pequeñas de todos los días como por ejemplo nuestros hábitos alimenticios. Tal vez alguien más en la cena pudo decir, "Me alegro que hayas elegido no comer carne roja y que estés honrando tu régimen alimenticio. Te felicito." Tal vez nadie hubiera comentado después de todo. Tal vez era sólo un asunto importante para mí y para nadie más. O tal vez hubiera inspirado a alguien más a reconsiderar su propia salud, su dieta y sus decisiones sobre qué comer. ¿Cuántas veces te has cortado tus propias alas pensando que algo sería mucho peor de lo que resultó ser? Piensa en todo el tiempo que desperdiciaste preocupándote de *adversarios y críticos imaginarios*.

Todo depende del poder de la interpretación. Si pudiéramos recordarnos, particularmente en momentos de crisis o estrés, de usar nuestras mentes y no dejar que nuestras mentes nos usen, entonces, ¡wow! Estaríamos entrando a otro nuevo nivel de consciencia. Estaríamos expandiendo nuestras opciones. Tienes el poder de interpretar toda información y retroalimentación de la forma en que lo elijas. Si estás en un avión que está pasando por turbulencia debido al mal tiempo, ¿tienes que tener miedo? ¿Tienes que aferrarte a tu querida vida y tratar de controlar el avión inclinándote en una dirección u otra? ¿Tienes que sacar tu libro sagrado de las escrituras y empezar a leer los pasajes por miedo de no salir vivo, por miedo a que éste sea el final de tu vida? ¿Puedes experimentar turbulencia en un avión sin cortarte las alas o las alas del avión?

¿Qué tal si eliges relajarte, elevar la manos hacia arriba como si estuvieras en una montaña rusa y decir, "Arriba, aquí vamos, vámonos; ¡amo la turbulencia! ¡Esto es fantástico; es como una montaña rusa!"? Lo puedes abrazar. Todos tenemos la opción de cómo interpretar la información. Cuando estás estancado en el tráfico, ¿te enojas? ¿Tienes que automáticamente escoger un estado de enojo? ¿Inmediatamente asumes que el mundo está en contra tuya? No, bien podrías bajar las ventanas, subir el volumen y poner tu canción favorita de *U2*, cantar en voz alta, inclusive hasta invitar a otros a tu alrededor a cantar contigo. ¿Qué pasaría si lo haces? Imagínate en la poderosa energía que traerías al lugar que te rodea, aún en alto tráfico. Siempre tienes una opción.

En nuestras relaciones, en la sociedad y en el mundo, siempre estás recibiendo retroalimentación, a veces con tu permiso y otras veces no. Siempre debes verificar la fuente de la información. Tú estás a cargo de cómo escuchas la retroalimentación y cómo respondes o reaccionas a ella. ¿Quieres seguir por tu vida siendo arrogante, dirigido por tu ego, y teniendo siempre la razón?

¿Quieres ser esa persona que siempre tiene que saberlo todo? Esa persona que no escucha y no recibe la retroalimentación que puede ayudarlo sólo porque no le gusta cómo se la dan o porque la otra persona no es sensible? La habilidad de escuchar la retroalimentación—usarla para ayudarnos a rediseñar nuestras vidas—es una habilidad muy valiosa. No nos cortaría las alas. Tal vez nos podría hacer más aerodinámicos.

*En mi opinión profesional, la gente más exitosa del mundo no sólo están abiertas a la retroalimentación—la buscan y la exigen.* Ellos esperan que sus amigos y familiares más allegados, o sus compañeros de trabajo, sean honestos con ellos sobre lo que está y lo que no está funcionando. ¿Cómo puede alguien saber si va en la dirección correcta en su vida? ¿Lo sabemos porque escuchamos nuestro ego? No, nuestro ego nos dirá que nuestros problemas en la vida, no importa cuán grandes o pequeños sean, son la responsabilidad de otros. Nuestra cultura refuerza la mentalidad víctima que es prevaleciente hoy día. Sólo mira las noticias en la televisión. ¿Cuándo fue la última vez que viste un reportaje dedicado a todo lo que sí funciona en el mundo, sobre la generosidad y bondad de la gente, sobre las abundantes posibilidades para nuestro futuro?

Hoy, el mercado de la televisión está saturado con programas de "realidad." En otras palabras, ponen a los "actores" bajo una presión y un estrés manufacturado—abochornados, avergonzados, y en caos, hasta que la llama es finalmente extinguida y te botan fuera de la isla. Esta descripción lamentablente refleja nuestra condición de vida actual. Yo creo que la vida siempre es una oportunidad para aprender. No solamente aprender como alguien que recibe la información de la gente que "sabe" las respuestas, y luego regurgita la información en un formato de bien o mal en un examen. Estoy hablando de experimentar la vida realmente absorbiendo sus lecciones. Esto me lleva a una de mis pasiones en la vida, el golf. En mis treinta siete años de jugarlo, no he llegado ni remotamente cerca al nivel de Jack Nicklaus, Tiger Woods,

Phil Mickelson, o ninguno de los otros grandes jugadores de golf, pero soy muy buen *amateur*. Tengo un *handicap* de un dígito. Al principio de mis treinta, inclusive llegué a tener un *handicap* de 1.0. Uno de los aspectos que más amo del golf es la continua oportunidad de ir de un fallo a un gran logro. Lavar, enjuagar, secar, repetir. En la película *Tin Cup*—que es la perfecta película de golf porque capta toda la jerga del golf y muchos aspectos de la ridiculez del juego—hay una línea que resuena conmigo: "Supongo que la montas hasta que te derroca." Yo aprecio esta línea porque me recuerda que el golf, como la vida, tiene muchas altas y bajas, vueltas y curvas, cimas y valles. Cuando las cosas están funcionando, sigue con ellas hasta que dejen de funcionar. Entonces, ¿qué haces? Pide retroalimentación. Recibe, absorbe, abraza, y aprecia lo que recibas con gratitud. Haz lo que puedas para aplicar la información. Rediseña y reinvéntate. Estamos únicamente cualificados para alterar nuestra existencia, para cambiar nuestras circunstancias, para transformarnos y crear una vida que valga la pena vivir. Tarde o temprano, entrarás en calor nuevamente—encontrarás tu juego, tu salto, y tu verdadera zona de poder. Como dijo Thomas Edison, "Muchos de los fracasos de la vida fueron aquéllos que no se dieron cuenta lo cerca que estaban del éxito cuando se rindieron." Cuando te comportas como un campeón, rendirte ya no es una opción, nunca. Abre tus alas y vuela. Eres ilimitado, inmensurable, e infinitamente capaz.

## Capítulo Cuatro

# VIVE LA VISIÓN DE TU VIDA

HABLANDO FIGURATIVAMENTE, LA MAYOR parte de la gente necesita lentes bifocales para ver su visión. A través de los años, muchas de sus esperanzas y sueños se han encogido hasta el punto de volverse microscópicos o desaparecer por completo. Como niños, todo lo que teníamos era una visión. Una visión de quién seríamos y en lo que nos convertiríamos. Envisionábamos lo que la vida nos traería, o cómo evolucionaría nuestra vida. Contemplábamos el significado y propósito de la vida. Para un niño, soñar no es algo que solamente ocurre cuando estamos dormidos. Los niños usan su mente para visualizar e imaginar posibilidades ilimitadas durante el día.

Piensa cuántas veces tus padres te regañaron sólo porque no les estabas prestando atención o escuchándolos cuando te estaban hablando. ¿Qué estabas haciendo? Soñando. ¿Cuántas veces tu maestro o tu coach te dijo que despertaras, que te enfocaras en lo que estaban haciendo, y que estuvieras presente? ¿Qué estabas haciendo? Soñando despierto. ¿Qué significa el término soñar despierto? La mayoría de nosotros piensa que esa frase tiene una connotación negativa porque cuando éramos jóvenes, la usaron como una crítica a nuestro comportamiento. Soñar despierto se convirtió en algo malo en nuestras mentes. Entonces, ¿qué hicimos? Dejamos de soñar despiertos, y a la larga, dejamos de soñar por completo. ¿Por qué? Porque la humillación de soñar despiertos nos distraía de lo que se "suponía" que estuviéramos haciendo. Interpretar ese soñar despierto como algo malo o erróneo, nos llevó a crear nuestra zona cómoda y nuestro ego. Una forma segura de destruir el soñar despierto es encerrando nuestras cabezas y corazones detrás de las paredes de la zona cómoda. Einstein descubrió la Teoría de la Relatividad y la ecuación $E=MC2$. Este descubrimiento nos llevó a nuevas posibilidades en la ciencia y en nuestro conocimiento del tiempo y del espacio. He aquí otra ecuación que quisiera presentarte. Una ecuación que podría llevarte a una vida que vale la pena vivir.

En simples términos: Visión + Acción Comprometida = Transformación. En este momento te pido que saques una hoja de papel y un bolígrafo, y que empieces a soñar otra vez. Empecemos meditando con los ojos cerrados. Encuentra un lugar tranquilo donde te puedas relajar. Podría ayudarte si pones alguna música instrumental. Cierra tus ojos. Ahora, respira profundo, y suelta el aire lentamente. Deja ir toda tensión y escapa de tu cuerpo físico. Calla tu mente. Continúa respirando profundamente y luego exhalando suavemente. Concéntrate en tu respiración, y suelta todo el estrés y ansiedad que tienes en tu cuerpo. Trata de ignorar todas las distracciones o interrupciones. Imagina un hermoso lugar de la naturaleza. Transpórtate a ese lugar y permítete sentirlo. Usa todos tus sentidos y recibe la maravillosa belleza y serena paz del lugar. Cuando hayas alcanzado un estado de relajación, quiero que visualices la vida que quieres. La vida que te imaginas viviendo ahora y en el futuro. ¿Qué experiencias estás buscando? ¿Cuáles son los resultados que quieres? Visualízate transformándote de una persona con tu actitud y comportamiento actual, a tu auténtico ser. Imagínate viviendo el poder, la conexión, y la libertad que siempre has querido. Obsérvate manifestado en tu familia, con tus amigos, en tu comunidad, y en tu vida de negocios, como la mayor versión de ti. Mira la gente a tu alrededor reaccionando a tu nuevo ser, sintiéndose en una relación contigo, de una forma que refleja tu ejemplo. Imagínate no sólo hoy, sino en el futuro, en una reunión familiar, en una ocasión especial, o simplemente una fiesta de celebración de la vida. Visualízate como la persona que siempre has querido ser—sin titubeos, sin miedos, sin restricciones, con el corazón abierto, apasionado, conectado, sonriente, juguetón, vivo, libre, y mostrándote como una fuente de la alegría. Siente tu experiencia. Deja que te llegue, respira lentamente, y déjalo ir con una sonrisa. Ahora adéntrate más en el futuro: un año en el futuro, dos años, cinco años, diez años, veinte años, toda tu vida. Permítete soñar y crear. No tienes limitaciones internas ni externas. Ahora pregúntate, ¿cuál es el propósito de tu vida? Repite la pregunta tres veces. Responde sin juicios, sin editar— no hay respuestas incorrectas. Date el permiso de verbalizarlo y responder. Lo que sea que digas es perfecto. Ahora visualízate viviendo la vida que siempre has imaginado, al nivel más alto posible, y no sólo haciendo la diferencia contigo mismo, sino haciendo una profunda diferencia en la vida de otras personas. Siente tu experiencia. Deja que te llegue todo. Después de unos momentos, empieza a traer tu consciencia otra vez al presente. Ahora respira profundamente, y exhala lentamente. Poco a poco regresa y abre tus ojos.

Escribe lo que visualizaste en tu futuro—todo lo que imaginaste durante tu meditación. Sé específico sobre tu experiencia, y simplemente deja que las palabras fluyan sin edición. ¿Cuál es tu propósito y tu visión para tu vida? La jornada que tomes para llegar es tan importante y valiosa como el resultado en sí. Todo empieza desde donde estás ahora. No tienes que esperar hasta que finalmente estés viviendo esa vida—puedes empezar a crearla y disfrutarla tan pronto la imaginas. ¿Qué vivencias son las que quieres crear en tus relaciones familiares, y en tu empresa con tus compañeros de trabajo, tus empleados y tu equipo de ejecutivos? ¿Qué experiencias quieres crear en todos los aspectos de tu vida?

*La clave entre vivir y existir es tener una visión poderosa, una visión significativa, una profunda visión.* Sin una visión, la vida se convierte en una lista de quehaceres, una serie de obligaciones y deberes. Perdemos la chispa. Perdemos el significado detrás de las acciones. Tu visión te brinda un sentido de propósito. Como resultado, entiendes por qué haces lo que haces. Ya sea en tu vida profesional o en tu vida personal, si quieres crear una vida que valga la pena vivir, tu visión guía tus decisiones y te lleva en una dirección con propósito. Así que pregúntate: ¿Cuál es el motivo fundamental en tu vida? ¿Cuál es tu razón de vivir? ¿Qué diferencia harás para distinguirte en el mundo?

El proceso de crear y generar nuestra visión es como mirar hacia el futuro y traer ese tipo de futuro intencionado al presente. Para lograrlo, establecemos *checkpoints* en el camino—formas específicas de medir el éxito y asegurarnos que vamos por buen rumbo. Esto nos permitirá proseguir hacia nuestra visión. Reconocemos los éxitos y alcanzamos metas durante el camino. El reconocimiento es importante para nuestro espíritu, para nuestra energía. Necesitamos revitalizarnos y recargarnos regularmente. Al hacerlo, estaremos listos para pararnos de nuevo en nuestras vidas y continuar tomando los riesgos necesarios. También, cuando es apropiado, reconocemos nuestros fallos—los momentos en que perdemos nuestra integridad, las veces que no cumplimos nuestras promesas, o rompemos nuestra palabra con nosotros mismos y con otros. Al aceptar estas deficiencias, restauramos nuestra confianza y recuperamos nuestro poder.

Tu visión se refleja en todo lo que haces, en cómo vives, y en última instancia, en lo que obtienes al final. Es una combinación del resultado y la experiencia. Todo el mundo quiere tener abundancia de dinero. Pero si no te sientes digno, confiado, o seguro sin dinero, tu manera de pensar te prohibirá de tomar las decisiones saludables, responsables y sabias necesarias para moverte hacia el dinero. Un porcentaje muy pequeño de la población juega y gana la lotería. ¿Por qué dejar tu visión al azar? ¿Por qué has de esperar a que el universo te dé la abundancia que deseas?

Hay millones de gente con la esperanza de que algún poder místico les brinde abundancia. Es un triste reflejo de nuestra sociedad saber que hay tanta gente con baja autoestima, y en tal nivel de desesperación. Tal vez tu visión es tan poderosa y transformacional que te traerá la abundancia que quieres y también proveerá increíbles oportunidades para la gente que está luchando por sobrevivir, luchando por encontrar su propósito y reclamar su poder.

Piensa en cuánta gente es ahora millonaria como resultado de la visión de Mark Zuckerberg cuando creó *Facebook*. Éstas son personas que probablemente hubieran tenido un ingreso razonable, y trabajos fijos y estables como programadores y analistas, pero ahora están disfrutando de amplia abundancia financiera debido a la visión de otra persona. Tal vez te conviertas en el próximo Zuckerberg, alguien que crea fantásticas oportunidades para otros.

La mayor parte de la gente exitosa viven guiados por su visión, su propósito, y por su deseo de tener abundancia económica. Los pasos que toman cada día los ayudan a moverse hacia sus metas profesionales y personales. Su actitud positiva y optimista atrae infinitas posibilidades.

Por otro lado, si solicitas empleo en un momento en el que te sientes desesperado por conseguir uno, la necesidad influirá durante tu proceso de entrevista. Las compañías no quieren contratar empleados que están en "necesidad." Quieren contratar gente que es segura, poderosa, y con destrezas—gente que se siente digna y que destila éxito. Una perspectiva positiva se reflejará en lo que haces y cómo lo haces. Los empresarios quieren contratar gente comprometida, que tiene hambre, no desesperación, de crear resultados extraordinarios. Están buscando a personas cuya seguridad y confianza se reflejan en su estilo de comunicación y a menudo en su cuerpo. Si operas desde un espacio de necesidad, las voces limitantes de supervivencia serán las dominantes, serán altas y abrumadoras.

Pausa por un momento. *Deja que pase el miedo.* Respira profundamente y reconéctate con tu mantra. Si resistes el miedo y la ansiedad, otras personas lo sentirán. Abraza el miedo, déjalo ir, y entonces verán y sentirán el comportamiento calmado que emana de ti. Es posible que llegues a ser contratado "en necesidad," por menos dinero, o con menos oportunidades. Y ahora ponte en la posición de una víctima—el empleado te está haciendo un favor al contratarte. Has perdido el poder y la influencia en la situación. Tu falta de visión puede resultar en falta de abundancia financiera, y es importante que reconozcas que el fallo no está fuera de ti. Tú no eres una víctima de las circunstancias. Más bien, eres la causa y la fuente.

Debe haber una relación entre la visión, el propósito, la creación, y los *checkpoints* diarios/semanales/mensuales, entre los éxitos y las celebraciones durante el camino. Si tienes una visión y estás comprometida a crear una vida que valga la pena vivir, pero las acciones que estás tomando son incompatibles con eso, debes encontrar la forma de arreglarlo. Aprende a cómo reenfocarte y centrarte.

La vida no es perfecta. No somos perfectos. Somos seres humanos. Cometemos errores. La vida es un juego de excelencia, y la excelencia es posible. Es alcanzable. Es lograble. Pero la excelencia no es perfección. Si vuelves a la escuela, puedes obtener una "A" con una calificación de 90. Un 90 no es perfección, pero es una "A." Debes proveer un espacio para los errores en tu vida; espacio para corregir el camino y ajustar las actitudes. Esto incluye tener una relación saludable con tus resultados actuales y con tu intención. Mantente abierto a la retroalimentación, y disfruta de una relación saludable con la retroalimentación que recibimos de otros. Si puedes usar esa retroalimentación para mejorar y reevaluar, puedes reencaminarte y lograr lo que te habías propuesto. Cuando crees que los problemas que bloquean tu éxito son debido a circunstancias fuera de tu control, nunca aceptarás responsabilidad por tus acciones. Esa mentalidad no cambiará los resultados. De hecho, nunca te apoyarán en crear tu visión exitosamente. Por lo tanto, recuerda estas palabras, "He conocido el enemigo, y el enemigo soy YO." Lo único que realmente puedes controlar es a ti mismo, y aunque eso fuera verdad, ¿por qué querrías tú controlar a algo o a alguien, en todo caso? Control es ego. El control restringe, aprieta, limita. Es lo opuesto al poder. El poder crea, el poder expande, el poder es energía, el poder es fuerza de vida, el poder empodera, el poder es libertad. *Sin poder, la visión no es posible.*

Muchos de nosotros somos perfeccionistas. La perfección es el equivalente a jugar un juego que nunca podrás ganar. La búsqueda de la perfección surge de una visión irrealista de cómo la vida—o algo más específico—se "supone" que sea. Cuando operas desde el contexto de perfección, estás sencillamente preparándote para fracasar desde el principio intentando lograr lo no lograble. Una visión es algo que queremos vivir y alcanzar en el futuro. También debería ser algo que es realmente posible y conquistable. Los perfeccionistas sólo pueden ver lo que falta, lo que no está funcionando, lo que está mal, y los fallos durante el camino. Constantemente se resisten a experimentar la alegría de vivir debido al estrés y presión que se imponen a sí mismos y en sus relaciones. Raramente están presentes. En cambio, están implacablemente enfocados en su falta de logros y en sus expectativas no satisfechas. Esto, mis amigos, puede ser un verdadero problema que se lleva toda la energía de la vida. Imagina tu visión para una relación como un globo aerostático: lleno de pasión, entusiasmo, emoción, y energía. Estás listo para volar y planear, y te das cuenta que el perfeccionista está abriendo un hueco en el material del globo y que el helio se está saliendo. *Womp womp.*

Tal vez te estés preguntando cual es la distinción entre una meta y una visión. Muchas personas piensan que son lo mismo, pero hay una sutil diferencia. Una meta es algo específico y tangible, algo que puede ser medido. Las metas son a menudo compromisos para alcanzar—algo basado en una visión existente. Es el deseo de lograr resultados de alto nivel durante el proceso. Por ejemplo, alguien diría, "Estoy comprometido a perder cierto número de libras este año. Estoy comprometido a hacer cierta cantidad de dinero en el 2016. Estoy comprometido a tener un alto nivel de ingreso, tal vez 5%, 10%, o 25% más de lo que hice el año anterior." Si alguien está comprometido a una visión de mejorar su salud, se establecen metas en esa visión. Si eres un empresario, la visión en sí es la creación de una compañía a escala mundial, y crear el ambiente organizacional que refleje esa visión. Las metas correspondientes pueden ser desarrollar un nuevo producto, una nueva línea de producción, una nueva estrategia de venta, un plan revisado para aumentar la rentabilidad, etc.

Declarar una visión es crear un futuro sin precedente, un futuro sin limitaciones, una afirmación de lo que es posible para ti y para el mundo a tu alrededor. Tu visión puede también ser medida por los resultados. Por ejemplo, tal vez tienes una visión de empezar un negocio, de tener una familia, de crear paz, amor, y armonía en el mundo, o de establecer una relación auténtica, saludable y honesta. Pero a veces una visión está más enfocada en la forma en la que estás viviendo tu vida y el mundo a tu alrededor. Es más difícil medir lo intangible y las formas abstractas de una visión porque cada cual interpreta las cosas de una manera específica. Por ejemplo, yo tengo una visión que guía todas mis decisiones personales y profesionales. Mi visión es crear paz, amor, unidad y abundancia para todos. Yo filtro mis decisiones a nivel micro y a nivel macro a través de la prisma de mi visión. La visión en sí no es tangible, pero cuando tomo decisiones, y tomo acciones en mi vida diaria la visión se hace tangible a través de la declaración y manifestación de metas individuales.

Las visiones son *adaptables* y *cambiables*. No están grabadas en piedra. Una visión siempre puede ser cambiada o ajustada. Puede tomar una nueva dirección. Una visión también se puede expandir y volverse más específica. Digamos que tu visión es crear paz y perdón en tu familia. Lo que eso implica es que ha habido disturbios o algunos fallos han ocurrido en tus relaciones. Tal vez tu familia está distanciada o separada. Tal vez están viviendo en diferentes partes del país o rara vez pasan tiempo de calidad juntos. En el negocio de la vida, has perdido tu connexión con la importancia de tu familia. Todos en la familia extrañan los tiempos que pasaban juntos y quieren recuperarlos, pero alguien necesita ser el que toma las riendas. Necesitas dar un paso inicial y comprometerte a volver a unir a tu familia declarándolo como tu visión. Entonces haces lo que hacen los visionarios—empoderas, inspiras, y alistas.

Tu visión puede evolucionar con el tiempo. Podrías empezar hablando por teléfono una vez a la semana. Me refiero a los miembros principales de la familia—tus padres, tus hermanos y hermanas, tus hijos, y a todos los que consideres parte de la familia. Tal vez puedas hacer el compromiso de ser el anfitrión de una reunión familiar una vez al año. Desde ahí, tu visión podría evolucionar hacia una reunión anual familiar en un lugar exótico. Tal vez decidan asistir a terapia juntos, a participar en entrenamientos transformacionales que les permitan romper con las barreras o experiencias inefectivas del pasado que se han impuesto en el camino de crear lo que desean en sus vida. La visión de crear paz, amor, y perdón puede tomar muchas y diferentes formas.

¿Qué pasa cuando logras crear paz, amor y perdón en tu familia? ¿Significa que tu familia deja de evolucionar? ¿Significa que dejarás de crear nuevo terreno para descansar en tus laureles? Una visión puede evolucionar a nuevos niveles, pero nunca pierde su poder porque proviene de tu propósito de vida. Puede cambiar en forma y estructura, pero no en espíritu. En mi experiencia, las relaciones—ya sean familiares o profesionales— están constantemente expandiéndose o encogiéndose. Son como plantas que necesitan agua a menudo. Un helecho no crecerá en el desierto por si solo. Necesita un ambiente que lo nutra. Así que si una relación no está creciendo y expandiendo, si no exploramos nuevas aventuras y posibilidades, o nuevas formas de comenzar, entonces la relación se vuelve estática. Se vuelve árida. Pierde su pasión, y terminamos existiendo y sobreviviendo en vez de viviendo. Durante mis años como coach y entrenador, he conocido un sinnúmero de personas que han perdido su visión o que ni siquiera tienen una visión. Helen Keller una vez dijo, "Lo único peor que estar ciego es tener vista, pero no visión." ¿Qué tal si vieras tus relaciones como un cargo precioso que debe ser "manejado con cuidado" todo el tiempo? Imagina lo que puedes crear y experimentar como resultado.

Las relaciones profesionales pueden ser abordadas de la misma forma. También necesitan nutrición si queremos continuar creciendo y expandiéndonos. Todos tienen talentos. *Todos*. Sin embargo, no todos los dones de cada quién son iguales. Metafóricamente hablando, todos quieren ser el *quarterback* del equipo de fútbol americano. Todos quieren ser la capitana de las *cheerleaders*. Todos quieren ser Beyoncé, Bono, Steve Jobs, Bill Gates, u Oprah Winfrey. En otras palabras, todos quieren ser extraordinarios, talentosos, y ricos. En lo más profundo, todos aspiran a ser el mejor, sea escritor, director, cantante, líder, negociante, o maestro. Pero no todos somos talentosos y dotados de la misma forma.

Yo tengo un amigo, que por años y años, quería ser entrenador transformacional. Su visión era hacer la diferencia en la vida de la gente con coaching para descubrir sus posibilidades y esplendor. Una de sus pasiones y talentos de toda la vida es escribir. A través de los años, ha escrito desde poemas hasta guiones cinematográficos.

Cuando yo necesito ayuda para crear material escrito, documentos, y volantes para mis talleres, él es siempre el primero en mi lista de apoyo. ¿Por qué? Porque conozco sus habilidades como escritor y creo que es más competente que yo en ese campo. De hecho, es mucho más competente que yo en esa área. Escribir nunca ha sido mi área de experticia. Mis talentos y habilidades residen en el dominio de hablar en público, coaching, y enfocarme en la creación de una visión—la teoría e idea detrás de algo. Yo soy un creador. Soy un empresario. Veo todo el panorama. Yo veo las posibilidades pero no siempre veo los detalles que se requieren para que ocurra la visión.

Un día, este amigo y yo tuvimos una honesta, directa e incómoda reunión. Me senté con él y dije, "Yo creo que tú eres increíble, talentoso, dotado, y ésta es la razón…" Le di la lista de todo lo que yo admiraba, respetaba, y apreciaba en él. Era importante reconocer estas cualidades para apoyarlo a que se abriera, para que entendiera que él genuinamente me importa. Esto lo ayudó a escuchar la retroalimentación. Yo le dije, "Puedes llegar hasta el *Pabellón de la Fama de la Vida*. Tú puedes hacer mucho dinero y ser extremadamente exitoso en cualquier área… de tu vida. Sin embargo, para convertirte en un coach y entrenador transformacional lo que estás haciendo no funciona. Debes rediseñar tu forma de ser y enfoque totalmente. Mi experiencia de ti es que tienes muchos intereses pero no suficiente compromiso o enfoque en alguno en particular para poder convertirte en un experto. Tal vez deberías abandonar esta idea y enfocarte en escribir." Podrías ser un guionista cinematográfico o poeta. Yo creo que tienes el talento de ganar en grande. Lo que te voy a decir viene desde el fondo de mi corazón, porque me importas lo suficiente para ser honesto." Y entonces le dije, "Tú nunca serás un entrenador. No tienes lo que se requiere."

Él me había dado total permiso de hablar abierta y honestamente, ya que él había pedido la retroalimentación. Inicialmente, se mostró decepcionado, frustrado y aplastado porque no era lo que había esperado escuchar. Sin embargo, confió en que yo le dijera lo que yo realmente veía que era posible o no. Por supuesto, esto también fue emocionalmente difícil para mí. Él ha sido un gran amigo a través de los años, y lo último que yo quería hacer era herirlo. Pero si le mentía o le decía sólo lo que él quería escuchar, ¿lo hubiera ayudado a llegar hacia donde él quería llegar? Absolutamente no. Yo sabía que mi opinión iba a ser difícil para él porque él estaba viviendo bajo la ilusión creada por su ego y no estaba basado en ninguna evidencia legítima. Yo no quería decirlo, pero era mi deber expresar la verdad honestamente. Yo he sido entrenador y coach por treinta años. No soy un político postulado a un cargo público que hará "promesas" a cambio de votos. Uno de los aspectos más importantes en el proceso de coaching es decir la verdad sobre lo que vemos que funciona y no funciona, independientemente de la incomodidad que pueda causar a cualquiera de las partes. Siempre recuerda este viejo refrán: "La verdad te liberará."

Yo no soy el único excelente en lo que hago y cómo lo hago. Conozco muchas otras personas que son excelentes en diferentes versiones de lo que hago. Algunas personas lo tienen y otros no. En Hollywood lo llaman el "*It Factor*." El mismo fenómeno puede encontrarse en el coaching y entrenamiento. Para triunfar en mi campo de trabajo hay que tener un cierto *je ne sais quoi*, un toque de magia. No son las palabras que usamos, sino la música detrás de las palabras. Me refiero a que no es lo que dices, sino cómo lo dices. Es la habilidad innata de ser transparente y rediseñar la forma para conectar con un amplia gama de clientes y estudiantes con diferentes necesidades y deseos. El poder de hacerlo naturalmente y auténticamente es la diferencia entre los másters y los que pretenden.

Algunas personas tienen el potencial pero les falta el rigor y la ética de trabajo requerida para lograrlo. Y algunos lo quieren, pero no tienen lo que se requiere. Familiares y amigos realmente necesitan aprender a cuidarse mutuamente siendo honestos uno con los otros. Todo lo que yo quería era que mi amigo descubriera la visión y el propósito que le permitieran convertirse en un éxito y crear resultados extraordinarios. Yo quería que encontrara una plataforma para sus talentos naturales, sus dones, sus habilidades, de manera que pudiera brillar. Él es una de las personas más inteligentes, conscientes, y desarrolladas que he conocido. Puede que algunos de ustedes piensen que mis comentarios fueron un ataque personal contra él. Absolutamente no. Fue la retroalimentación honesta de un buen amigo. Hasta este día, sigo pensando lo mismo. Como resultado de esta retroalimentación y mi subsecuente coaching, hizo el trabajo necesario para ir tras su visión. Se enrolló las mangas y se dedicó a convertirse en un coach experto, no sólo enfocándose en las destrezas, sino aún más importante en la forma de ser. Se rediseñó como líder y también se ha convertido en un excelente facilitador. Ahora ya tiene su propia compañía de coaching la cual ofrece una variedad de servicios en el desarrollo humano tanto profesional como personal. Y ¡lo está haciendo! Encontró su camino y lo está haciendo a su estilo. Inclusive completó una Maestría agregando a su colección de habilidades, conocimiento y herramientas de coaching. Él ha hecho cosas con su vida que yo sólo podría soñar. Estoy tan orgulloso de él.

Todos tenemos talentos y dones. Todos tenemos habilidades especiales y únicas. La oportunidad para ti es descubrir y estar consciente de cuáles son las tuyas. Si no estás seguro, busca la mayor variedad de retroalimentación y comentarios. No sólo recurras a tus familiares y amigos. Imagina cuán distintiva sería la información que recibieras si le preguntaras a la gente cuyas relaciones no están funcionando en tu vida y con quienes has experimentado algún tipo de conflicto, en el pasado o el presente. Estas personas podrían ser ex-parejas, antiguos jefes, competidores, e incluso alguien a quien sabes que tú no le agradas. Recibir su retroalimentación podría ayudarte mucho, o por lo menos brindarte una dosis de humildad. Si tienes una relación amorosa y honesta con tu madre, es posible que sólo te diga lo que quieres escuchar, así que toma sus comentarios con un grano de sal. Si recurres a tus ex-parejas, tal vez te digan lo que no quieres escuchar. En otras palabras, ellos tal vez no pueden ver ninguna de tus cualidades positivas. De hecho, tal vez pasan todo el tiempo hablando de tus defectos, de todo lo que está faltando en tu vida, todo lo que has hecho mal, y mucho más. Trata de superar el dolor que cause esa retroalimentación para encontrar esas posibles perlas, aunque estén incrustadas en los comentarios negativos. En algunas relaciones, la objetividad es un reto. En el proceso de aprender y descubrir tus fortalezas y talentos, estarás creando la oportunidad para que otros contribuyan con algo, aquéllos a quienes tal vez ya no les importa lo que hiciste o no hiciste en el pasado. El resultado podría ser un proceso de sanación y perdón.

Ahora, organiza y recopila toda la información recibida. Absórbela toda, deja que te llegue. Ve a la Internet e investiga diferentes carreras, oportunidades de trabajo, y negocios. Estudia y realmente considera los diferentes tipos de trabajo que están disponibles y que son genuinamente posibles para ti, y ve filtrando los resultados de la búsqueda más y más. Otra herramienta que podría ser útil es una evaluación de personalidad, como la Myers-Briggs. Inclusive puedes tomar una prueba de aptitud. No te preocupes si se llama una "prueba." No hay respuestas correctas o erradas aquí. Sólo responde honestamente y sé fiel a quien tú eres. Basado en tu respuesta a las preguntas, recibirás una lista de posibles de empleos y carreras adaptados a tu personalidad. Por lo menos, sería un buen lugar para empezar

Recuerda, una carrera no es una visión. Una carrera es un vehículo para crear oportunidades de usar tus destrezas, inteligencia, las características de tu personalidad, y tus talentos, para beneficiar un negocio u organización, y recibir compensación financiera y oportunidades de crecimiento. Tu carrera existe dentro de tu visión.

Tal vez quieres ser un corredor de bolsa porque tienes el deseo y la pasión de hacer mucho dinero, pero tal vez su reputación de cuestionable integridad no te sienta bien. Por supuesto, no a todos los corredores de bolsa les falta integridad, pero trabajan en un campo donde a veces pareciera que harían lo que fuera para lograr una venta, debido a la gran presión del ambiente y la alta competencia. Para mantener tu integridad, tal vez te tengas que conformar con $1,000,000 al año, en vez de $2,000,000. ¿Valdría la pena?

Para descubrir cómo ganarte la vida y ganar dinero de manera legal, depende de ti decidir cuál es tu visión y cuáles son tus valores, y seguir el camino de la consistencia. No importa la carrera que elijas, cualquiera que sea el camino de negocio que elijas para crear una vida que valga la pena vivir, asegúrate que es algo que permita el florecimiento de tus habilidades, talentos y dones, no sólo para sobrevivir, sino para prosperar. Recuerda, crear resultados es maravilloso y algo que todos queremos, pero también la manera en la que creamos los resultados es lo que más importa y lo que hace la mayor diferencia al final.

Todos vamos a morir eventualmente. No hay forma de escapar a esa certidumbre. No es una opción que tenemos disponible. Lo que importa es lo que haces, lo que creas, y lo que causas en tu vida y en el mundo a tu alrededor. Eventualmente desaparecemos, y algunos desapareceremos aún antes de morir. ¿Realmente quieres este último escenario? La carrera que elijas podría ser la diferencia entre no sólo vivir y sobrevivir, sino por cuánto tiempo realmente vivirás. Encontrar un vehículo en el que te puedas destacar te ofrece la mayor oportunidad para crear la calidad de vida que quieres, y la longevidad de vivir para disfrutar los frutos de tu labor. De esta forma, no importa el nivel en el que empieces, hay otro nivel esperando una vez logres dominar el primer nivel. Entonces habrá un tercer nivel, y luego un cuarto.

Hay interminables oportunidades para tu crecimiento económico. ¿Te apoyaría eso en crear una vida que valga la pena vivir? Como elocuentemente dijo Steve Jobs, "Tu trabajo será una gran parte de tu vida, y la única forma de estar realmente satisfecho es hacer lo que tú creas es un gran trabajo. Y la única forma de hacer un gran trabajo es amar lo que haces. Si no lo has encontrado todavía, sigue buscando. No te conformes. Como con todas las cosas del corazón, lo sabrás cuando lo encuentres."

Hablando del co-fundador de Apple, démosle un vistazo a esta empresa. Una de las cosas que más admiro de Apple es la gente que trabaja en sus tiendas. Ellos literalmente aman su trabajo. Y cuando digo lo aman, quiero decir que lo *aman*. ¿Por qué será que aman trabajar en Apple? Seguramente es que en parte son ávidos consumidores y fanáticos de los productos. Pero Apple también abre las puertas a una gran variedad de empleados de diferentes procedencias y culturas. Adoptan y buscan la diversidad durante el proceso de contratación; no están interesados en el punto de vista social de lo que es "normal." La familia Apple es un fantástico ejemplo de una olla mixta. Entra en una tienda Apple y observa a la gente que trabaja allí. Te prometo que muy pocas compañías en el mundo podrían jactarse de tal variedad ecléctica de tipos de personalidades.

Mi hijo Nick es uno de sus empleados. En su primer día de trabajo en Apple, el gerente le enseñó la tienda. Caminaron por los diferentes pasillos y vieron la vasta variedad de productos, desde iPhones hasta computadoras MacBook Pro. Este paseo ocurrió antes de que abrieran las puertas en la mañana, y entones el gerente dijo, "Oye, vamos a ver las oficinas." Cuando abrió la puerta al salón de empleados, todos los empleados que trabajaban en esta tienda en particular de Apple estaban esperando. Nick entró, y todos de repente empezaron a cantar su nombre al unísono: "¡Nick, Nick, Nick, Nick, Nick!" Se volvieron locos cantando su nombre una y otra y otra vez. Mi hijo estaba en total *shock*. Esto definitivamente no era lo que esperaba en su primer día. Era como si le hubieran lanzado una fiesta de sorpresa. Después del canto, se acercaron y lo abrazaron, dándole *high-fives*, y recibiéndolo al equipo. Estamos hablando de un empleo a nivel de entrada en una tienda al detal. ¿A quién no le va a gustar trabajar para Apple después de esta bienvenida? Todos aman trabajar para Apple. Hay oportunidades en todos los niveles, desde la posición inicial de entrada. Entonces pasan de vendedor al detal, a experto, a genio, a gerente de negocio, etc. Por supuesto, hay oportunidades hasta niveles más altos en Apple Corporate en Cupertino, California. Qué perfecto vehículo para manifestar tu visión de negocios y de interminables oportunidades, tanto para la organización como para los empleados.

Imagínate que todo negocio fuera como Apple. No importa si trabajas en Denny's o AT&T. No importa si trabajas para American Airlines. No importa si eres conserje en el estadio de fútbol americano de los Dallas *Cowboys*. En cada ambiente, en todas los trabajos o carreras, tienes una oportunidad de expandir tu experiencia y oportunidad de crecimiento. Martin Luther King, Jr. dijo en una ocasión, "No sólo te propongas hacer un trabajo. Proponte hacer tan buen trabajo que ni los vivos, ni los muertos, ni los que aún no han nacido pudieran hacerlo mejor." Si te mostraras en tu trabajo de esta forma, ¿qué oportunidades crearías?

Hace varios años, cuando el mundo de la tecnología sólo estaba empezando a explotar con el inicio de la Internet, Apple estaba creciendo y expandiéndose con tal rapidez que no podía sostener la demanda de las computadoras Macintosh. Los recién graduados del colegio tuvieron oportunidades que cambiaron sus vidas trabajando en compañías como Apple, Microsoft, HP, y Dell, además de crear oportunidades para emprender negocios ellos mismos. Steve Jobs y Bill Gates ambos fueron al colegio, pero ninguno se graduó. En nuestra sociedad los llamamos *dropouts* (los que abandonan sus estudios). En mi generación, tenemos una diferente terminología para describir a la gente que se sale del colegio: "PERDEDORES." Pero ahora tenemos otra palabra para describir a estos dos hombres: VISIONARIOS. El hecho de que estos dos hombres pudieron convertirse en dos de las personas de negocios más exitosas e influyentes en la historia del mundo, creó un completo cambio de paradigma en la cultura. Siempre habíamos escuchado, desde niños, que la única forma en que seríamos exitosos era obteniendo un grado universitario. Era un idea perpetuada por nuestros padres, maestros, consejeros, compañeros, la publicidad, la TV, y los medios de comunicación. Pero entonces, estos dos genios vienen y completamente alteran nuestro aceptado punto de vista. Al hacerlo, abrieron toda una nueva interpretación de lo que se requiere para ser exitoso, y lo que se requiere no sólo para tener una visión sino para ser un visionario.

Durante estos tiempos de cambio, Apple fue forzada a pensar rápido y volar. Estaban en la vanguardia de la tecnología, pero también tenían que estar en la vanguardia de la infraestructura que apoyara el extraordinario crecimiento de las ventas. Crearon una campaña de publicidad para atraer nuevos empleados de los mejores graduados de las mejores escuelas de Estados Unidos. El anuncio proclamaba: "No sólo innovadores en nuestro campo, sino innovadores contratando contribuidores de alto calibre." Jobs fue lo suficientemente inteligente para saber que si él pudo hacer lo que hizo, habría otros que seguirían su pista y llevarían sus innovaciones a alturas y niveles que ni él mismo podía ver. Él sabía que sólo era un asunto de tiempo hasta que las siguiente compañías en la vanguardia—¡tales como Google, Facebook, Yahoo! y otras, se materializarían. En vez de resistirlo, Apple decidió que se adaptaría y se ajustaría a este nuevo ambiente, a esta nueva cultura, a este nuevo clima. Decidieron atraer potenciales empleados ofreciéndoles una increíble oportunidad por cinco años. Se dieron cuenta desde el principio que en cinco años, estos jóvenes talentos probablemente se moverían hacia algo nuevo. Apple se rindió ante la explosión de la tecnología y la ciencia de la computadora que Jobs había ayudado a perpetuar. La tecnología está constantemente evolucionando.

Inclusive la NASA estaba en peligro de fracasar, pero ahora la NASA está viva otra vez—creando nuevas oportunidades para la ciencia, ingeniería, exploración espacial, y por supuesto, la tecnología. Hay infinitas posibilidades disponibles para la gente en cada campo. Puedes crear tu propio negocio y ser un empresario o encontrar una compañía que sea compatible con tus destrezas. Esto te da la oportunidad de crecer exponencialmente y sin límites. Incluso podrías convertirte en empresario y crear tu propia visión empresarial dentro de una organización ya en existencia. Te debes a ti mismo manifestar tu visión en su máxima expresión. Piensa en lo que Bob Marley quiso decir cuando dijo, "¡Emancípense ustedes mismos de su esclavitud mental, nadie sino nosotros mismos podemos liberar nuestras mentes!" Si liberas tu mente y abres tus ojos, si miras el futuro sin anteojeras, ¿qué ves?

Necesitas encontrar un juego o vehículo que sea compatible con tu personalidad y tu conjunto de herramientas y que esté en alineación con tu proceso de crear una vida que valga la pena vivir. Tú no eres rico por el mero hecho de tener un billón de dólares. Podrías ser un maestro de escuela, ganarte $30,000 al año, y ser rico. Rico con el conocimiento de que estás haciendo la diferencia en la vida de esos niños. Pleno en tu experiencia de la vida a través del desarrollo de los futuros líderes en nuestra sociedad. Tú no estás simplemente educando niños, estás educando a *nuestros* niños. Estás empoderándolos y motivándolos. Tienes la oportunidad de ser un modelo y un ejemplo, para que los niños de hoy se den cuenta cuánto importan, no sólo a ellos mismos, sino a su familia, a la sociedad y al mundo. Tú podrías ser la persona más influyente en la vida de un niño. El resultado podría ser que ese niño se convierta en el doctor que descubre la cura del cáncer o del SIDA. Tal vez tu inspiración y creencia en él le enseñó cómo estudiar y lo que deseaba estudiar, o tal vez lo retaste a pensar y a empujar mas allá de las fronteras de los pensamientos limitantes. Tal vez lo invitaste a ser creativo o tal vez le mostraste que te importaba y le inculcaste la confianza que necesitaba pero que no estaba recibiendo en casa. Eso, mi amigo, es una vida rica y movida por una visión. Cuando tu vida es abundante, no importa cuánto dinero haces. No dejarías lo que ya tienes por nada. Es una vida que vale la pena vivir y tú la estás viviendo. Por otro lado, podrías ser un billonario que está solo, movido por el miedo, por la escasez, egoísta, y egocéntrico. Al final del día, todo lo que tienes es tu dinero. Sí, tal vez tengas un esposa tipo trofeo o el esposo "perfecto" esperando en casa. Tal vez tienes hijos que van a una escuela privada y cara. Sólo porque tienes dinero no significa que estás creando una vida que valga la pena vivir. ¿Qué tal si cambias tu relación con el dinero? ¿Qué tal si vieras el dinero como una herramienta, un vehículo? ¿Qué tal si no importa cuánto tengas o te ganas si no eres quién tú eres? ¿Cómo podría esta nueva interpretación cambiar tu vida y tu experiencia de la vida? Vivir la vida no depende de lo que tengas o no tengas. Está determinada por las experiencias que creas cada momento.

Quiero presentarte a cuatro líderes poderosos, influyentes, e inspiradores que tenían todas las razones del mundo para convertirse en nadie, para asumir el rol víctima y pasar sus días existiendo en una vida mediocre sin tener algún impacto significativo en sus vidas y en la vida de otros. Steve Jobs, Sir Richard Branson, Oprah Winfrey, y Ellen Degeneres son excelentes ejemplos de gente que ha creado algo de la nada, que han forjado vidas movidas por una visión para ellos mismos. Cada uno viene de procedencias variadas pero tomaron su propio camino para lograr el éxito. Sus jornadas han desafiado las probabilidades, y su éxito no se le fue entregado en bandeja de plata. Sus inicios fueron todo menos existosos. El camino de su éxito no fue diseñado para ellos por alguien más. Cada uno de estos individuos es un empresario que creó algo extraordinario. Cada uno es un visionario que decidió, citando el *slogan* de la serie de TV Star Trek, "atreverse a ir donde ningun hombre ha ido."

Steve Jobs fue adoptado al nacer. Sus propios padres, por la razón que fuera, no estaban preparados o dispuestos a criarlo. Él tenía la excusa perfecta para actuar como víctima, para pensar, "Si mis padres no me querían y me regalaron, ¿por qué habría yo de importarle a alguien? Algo debe estar mal conmigo. No soy nadie especial." Pero Steve Jobs fue adoptado por padres que claramente lo amaban y se dedicaron a él. Lo amaban, lo aceptaron, y no sólo proveyeron para su educación, sino que lo inspiraron a creer en sus valores y sus pasiones. Al adoptarlo y tratarlo como si fuera suyo, le dieron una oportunidad de hacer algo con su vida.

Después de un año en la universidad, Jobs y su amigo Steve Wozniak tuvieron una visión, una idea para un negocio, un producto innovador. Le llamaron Apple. Convirtieron el garaje de sus padres en un laboratorio de trabajo. Tomemos un momento para analizar esta situación. Un huérfano que dejó la universidad pasa el tiempo con su amigo, fumando marihuana en su garaje, y trabajando día y noche en su proyecto. Terminaron lanzando la empresa Apple desde ese garaje. Durante sus primeros años, Apple disfrutó de cierto éxito con la computadora Macintosh. Eso fue hasta que la junta directiva, que Job mismo había contratado, lo sacó de su posición como CEO. La compañía que él había creado, la compañía que *él* había empezado en su garaje, lo despidió. ¿Cuándo había pasado algo así antes? Imagínate crear tu propia compañía, crecerla desde cero, y contratar a una junta directiva, sólo para que votaran para echarte de la misma. Así que Jobs se marchó.

Cuando se fue, no renunció, no se rindió, o sintió pena por sí mismo, o enterró su cabeza en la arena. Jobs creó dos nuevas compañías, Next y Pixar, y además se convirtió en un accionista importante de Disney. Ciertamente, todos recuerdan la película *Toy Story*, la primera de muchas películas creadas por Pixar. Jobs era guiado por su visión, no guiado por Apple. Esa forma de pensar claramente le permitió conectar con su visión y ver posibilidades que otros no veían. Esta extraordinaria habilidad para conectar con su visión expandió su habilidad de rodearse de líderes como él con sus propios y únicos dones, y como resultado, fue capaz de crear múltiples negocios exitosos, no sólo uno.

Mientras que Jobs estaba disfrutando su extraordinario éxito, Apple y sus ganancias estaban bajando, y su valor en la bolsa de valores disminuía. La Junta Directiva de Apple llamó a Steve Jobs para pedirle que regresara, y finalmente lo volvieron a contratar en la misma posición de CEO. No sólo eso, también adquirieron su compañía Next, por nada más y nada menos que $427 millones de dólares. Una empresa que él había iniciado con $7 millones.

A su regreso, Jobs convirtió a Apple en la empresa más exitosa en el mundo entero. Si Apple fuera un país, se estima que estaría entre los 100 países más ricos con más de $170 billones de dólares en efectivo. Imagínate eso. Los productos de Apple son innovadores, están en la vanguardia, son útiles y valiosos. Tus hijos los pueden usar como herramientas educativas, los puedes usar en la secundaria y en la universidad para las tareas y proyectos, y los puedes usar en cada fase de tu empresa. Los productos de Apple tocan todos los aspectos de la vida personal y profesional, desde el trabajo hasta la diversión.

Jobs desarrolló esta increíble compañía y se rodeó de un maravilloso equipo de campeones. Cuando se enfermó de cáncer y eventualmente murió pocos años después, le pasó el batón a la siguiente generación de líderes. Le pasó la compañía a otro increíble y valiente visionario, Tim Cook, quien ha llevado a Apple a otro nuevo nivel de posibilidad y éxito.

Mencionemos ahora a Sir Richard Branson, el dueño y fundador de Virgin Records. Branson se fue de la secundaria. No dejó la universidad como Steve Jobs; ni siquiera la empezó! . A los 16 años de edad, se convirtió en un periodista de *rock and roll*. Escribió reseñas y críticas de artistas y sus nuevos álbumes. Su pasión era la música y el estar envuelto en el negocio de la música. Con el tiempo, desarrolló credibilidad en la industria a través de sus escritos. Irónicamente, como niño había sido diagnosticado con dislexia, pero nunca dejó que eso le impidiera convertirse en un excelente y respetado escritor. Sin embargo, como muchos de nosotros, él quería estar directamente involucrado en hacer música, no sólo reportar sobre ella. Encontró el valor de declarar su visión y la hizo realidad. A los 22 años de edad, Richard Branson creó Virgin Records. Pasó de ser un periodista, de escribir sobre lo que otros creaban, a ser un empresario con autoridad en el campo. Virgin Records se convirtió en la compañía discográfica más grande y más exitosa en el mundo.

Pero por supuesto, siendo un visionario, Branson no estaba satisfecho. Alcanzó el siguiente nivel y decidió aventurarse en el negocio de líneas aéreas. Entonces creó Virgin Atlantic y Virgin Air-lines. Si alguna vez has volado en Virgin Atlantic o Virgin Airlines, sabes que es una experiencia única, desde las luces de la cabina hasta los procedimientos de vuelo. Branson también tiene un brillante sentido del humor, como evidencia de esto una vez dijo, "La mejor manera para un billonario convertirse en un millonario es comprando una línea aérea." Su sentido del humor sobre un tema que otros a menudo toman muy serio es una inspiración.

Una de las formas en las que Branson ha revolucionado la experiencia de volar es en en la manera en que anuncian los procedimientos de emergencia. Normalmente, la gente no los escucha. Todo el mundo se desconecta inmediatamente, hablando por teléfono, o escribiendo ese email antes de que despegue el avión. He escuchado esta justificación miles de veces: "Si el avión se va a caer, no va a hacer ninguna diferencia de todos modos." Pero Branson es un visionario y un empresario. Él pensó, "¿Qué podríamos hacer para lograr la atención de la gente?" Se sumergió profundamente en su vasta experticia y creó un video musical. Ahora, cuando muestran el video, con canciones y bailes, todos los pasajeros se enfocan en la pantalla y prestan atención a los procedimientos de emergencia. Además, la música es contagiosa, de modo que los pasajeros hasta tatarean y llevan el ritmo con sus pies. Tal vez no haga la diferencia si el avión se estrella, pero te prometo que crea una diferente energía en el avión. Todo el mundo está presente y atento.

A través de su visión, Sir Richard Branson inyectó a Virgin Records y la industria de la música en su negocio de aviones. Y aún eso no fue suficiente para él. Ahora está llevando su visión al siguiente nivel de altura creando Virgin Galactic, un avión que llevará a sus pasajeros al espacio, sólo por diversión. Muchos de nosotros que soñamos con ser astronautas y viajar al espacio cuando éramos jóvenes, no tuvimos la oportunidad. A muchas personas les gusta vivir al máximo participando en deportes extremos, como ir *bungee jumping* desde puentes altos en Nueva Zelanda. La visión de Branson ha creado la oportunidad perfecta para los que buscan emociones excitantes, y por supuesto, para gente que ama ir súper rápido y que quiere tocar el cielo. Claramente, esta aventura podría ser para personas que están en búsqueda de la experiencia más grande de su vida.

Hace años, cuando era un niño, recuerdo ver películas y leer revistas cómicas que detallaban diferentes viajes al espacio. Ya que le tenía miedo a las alturas y padecía de terribles mareos por movimiento, no tenía ningun deseo de ser astronauta, pero siempre estuve fascinado por el espacio y curioso sobre qué habrá allá en el espacio. Me imaginaba la vida en el futuro, y cómo el viaje espacial podría ser parte de nuestra existencia. Mis amigos y yo estábamos convencidos de que había vida en otros planetas, y queríamos poder verlo algun día.

Pues ahora Sir Richard Branson está haciendo posible que cualquier persona pueda pagar por un viaje al espacio. No sólo es una visión extravagante, pero posiblemente será otra aventura rentable de Branson. Su habilidad de comunicar y transferir su visión tan única es tan exitosa que ya tiene más de 400 personas pagando $200,000 por su plaza en el vuelo. ¡Imagínate logrando esos números, esos resultados! Sir Richard Branson es un visionario que está creando una vida que vale la pena vivir, no sólo para él sino para muchas otras personas. Éste es el mismo hombre que no terminó la secundaria y que nunca fue a la universidad, que nunca tuvo una educación formal.

Yo vi a Richard Branson hablar en una convención en Palm Springs, California Ernst & Young *Entrepreneur of the Year*. Lo que más admiré fue su personalidad carismática, apasionada, e inspiradora. Sonrió durante toda su presentación. Él sonríe como si estuviera feliz sin razón alguna. Estoy seguro que disfruta de ser billonario, ser parte de una multitud de diferentes negocios y proyectos creativos, y recibir reconocimientos por sus logros en la vida. Sin embargo, creo que la fuente de su sonrisa viene de su confianza en sí mismo y del poder que tiene para elegir. El resultado es que Richard Branson exuda felicidad para todos en todas partes. Debe estar funcionando porque estoy sonriendo mientras escribo esta parte del libro.

Su nueva visión es borrar el concepto de días de vacaciones para que la gente ya no siga "ganando" vacaciones, y está comenzando con sus propias compañías. Su idea es que la gente pueda tomar cuantas vacaciones necesiten, con tal de que hagan su trabajo. Todo lo que tienes que hacer es cumplir con tu trabajo, y puedes irte de vacaciones por dos semanas, por dos meses, cada semana, puedes incluso trabajar cuatro días a la semana—depende completamente de ti. Ven cuando quieras, vete cuando quieras, simplemente haz tu trabajo. Si puedes hacer tu trabajo en menos de 40 horas a la semana, hazlo en menos de 40 horas a la semana. Muchos empresarios considerarían esto algo loco. Estarían aterrorizados de que los empleados abusarían de este privilegio, y no harían su trabajo, y que por supuesto, la compañía sufriría como resultado.

Esto es algo revolucionario, transformacional, extraordinario, y un riesgo drástico. Es la epítome de vivir Desde Las Ramas Más Altas de la vida. La gente que piensa así está dispuesta a declararlo públicamente independientemente del escrutinio o del ridículo. Algunas compañías parecieran no darle importancia a los recursos humanos, o a la calidad de vida de sus empleados. A menudo, pareciera que sólo les importan sus negocios, los resultados, el desempeño, y las ganancias. Pero las personas como Sir Richard Branson siempre están pensando más allá. Y francamente, a él no le importa lo que la teoría de negocios popular diga. ¿Por qué habría de importarle? Él ha desafiado toda sabiduría convencional sobre "la manera correcta" de tener un negocio exitoso desde el día que empezó, al dejar la secundaria. Al hacerlo, tal vez abandonó la interpretación social de cómo ser exitoso, pero esto lo llevó a su VISIÓN. Su visión es claramente ser el capitán de la aeronave llamada su vida.

¿Qué tal Oprah Winfrey? Oprah tiene su propio canal de televisión. No se conformó con tener el programa de entrevistas de más exitoso en la historia de la televisión. Ella es dueña de OWN. Suena loco. Nadie tiene su propio canal de televisión. Pero Oprah sí.

Oprah es una mujer afroamericana. De niña, fue víctima del abuso, y experimentó pobreza, racismo, y segregación mientras vivía en el Sur en los años 60s. Ella fue abusada y tratada como una ciudadana de segunda clase. La crió una madre soltera, e incluso quedó embarazada a los catorce años de edad, pero perdió su bebé, quien murió pequeñito. Oprah tenía todas las excusas del mundo para asumir el rol de víctima, para esconderse del mundo, para pensar que no valía nada, y pasar su vida sólo sobreviviendo y existiendo. En lugar de eso, ella eligió elevarse, no dejar que nadie le cortara sus alas, y se ha convertido en la mujer más exitosa, influyente y rica del mundo del entretenimiento.

Su valor financiero neto es más alto que el de la gran mayoría y ha logrado más que casi nadie en el mundo, pero sobretodo ella es una inspiración y un ejemplo a seguir. Una real visionaria. Oprah contribuye con la sociedad de muchas formas, apoyando a mujeres víctimas de la violencia doméstica, tomando acción para acabar con el racismo y lograr unir nuestra variedad de culturas en los Estados Unidos, o tomando acción a través de infinitas actividades de caridad. Ésta es una mujer que usa su poder para empoderar a otros. Oprah usa su poder para hacer la diferencia, para crear oportunidades en otros que tal vez nunca tendrían. Ella está creando una vida que vale la pena vivir y ha impactado directamente a mujeres, minorías, y naciones enteras alrededor del mundo. Trabaja para interconectar a los Estados Unidos con otras partes del mundo, acercándonos cada vez más. Gracias a ella, tenemos la oportunidad de trabajar juntos para hacer la diferencia y que todos ganemos. La visión de Oprah no sólo se expande en toda la nación, sino también en el mundo entero. A pesar de tantos obstáculos en su contra, ella nos está abriendo el camino al resto de nosotros.

Ellen DeGeneres es otro excelente ejemplo de un liderazgo dirigido por su visión. Lo que admiro de Ellen es que en esencia ella creó una nueva carrera, una nueva visión, para sí misma. Ella entiende el concepto de rediseño y reinvención. La honestidad y la autenticidad puede a veces crear, en formas extrañas, un nuevo nivel de libertad y elección que la mayor parte de las personas desconoce. Ellen comenzó como comediante, y por supuesto, era sumamente divertida y disfrutaba cierto nivel de éxito. Empezó en clubs y trabajó hasta crear la serie *Here and Now,* su propio programa de comedias en la cadena televisiva HBO. Durante este tiempo ella eligió mantener el secreto de su sexualidad fuera del alcance de la prensa. ¿Qué haría la sociedad si se supiera que era homosexual? ¿La aceptarían? ¿La juzgarían y la rechazarían? ¿Perdería su carrera?

Un día, encontró el coraje de reconocer su sexualidad y lo declaró al público en general. La reacción fue básicamente ningún tipo de reacción. Cuando tuvo la confianza de ser honesta acerca de quién era, le dio la oportunidad a la gente de ser auténticos consigo mismos. Ella es el tipo de persona que asume riesgos, y aunque ésa no era su intención cuando decidió hacerlo público, empoderó a otros a que hicieran lo mismo. Su popularidad no disminuyó sino que aumentó. Creó múltiples oportunidades de ser ella misma, incluyendo ser la anfitriona de los más importantes eventos en el mundo del entretenimiento, los Óscares y los *Grammys.* De hecho, se volvió tan exitosa y popular como comediante, que obtuvo su propio programa de televisión. Actualmente, es la anfitriona de uno de los programas de entrevistas en la televisión más exitoso en los Estados Unidos y se ha ganado trece *Emmy Awards.* ¡Caray, eso es impresionante! He aquí una mujer declarada homosexual que empuja los botones y reta a sus invitados con sus ocurrencias, y franco estilo de entrevista. Ella no evita situaciones difíciles o temas que sean desafiantes. No evade la incomodidad de ponerse en riesgo. Ella está en Las Ramas Más Altas. Vive con pasión, gozo, y amor. A menudo trae a su esposa Portia al show. Las vemos juntas, y no están ocultando sus vidas del mundo. Están afuera, literalmente afuera. Son modelos a seguir, para ser valientes y vivir la vida auténticamente nosotros mismos.

Una de mis partes favoritas del show de Ellen es que baila antes de comenzar sus entrevistas. Ella baila todos los días y no le importa cómo lo hace, o si lo hace "bien," o cómo se verá. Parece algo pequeño, pero le trae alegría a la gente. Si estás en la audiencia, te paras y bailas con ella.

Cuando veo su show, la veo moverse con pasión a través del público mientras la música está sonando. Ella es una inspiración, una líder, un modelo a seguir. Ella hace la diferencia para tantas personas, y es un maravilloso ejemplo de una vida que vale la pena vivir. Está manifestando su visión y no puedo esperar a descubrir cuál será su siguiente nivel de evolución.

Muchos de nosotros estamos tan ocupados que nunca sacamos tiempo para divertirnos: para bailar, para cantar, para reír, para jugar, para ensuciarnos en el patio de recreo, para participar en actividades extracurriculares. Sólo es trabajo, trabajo, trabajo, todo el tiempo. Cada día está repleto de actividades y formas de mantenernos ocupados. ¿Qué quieres crear en tu experiencia de vida diaria? Puede ser crear de abajo hacia arriba, no solamente de arriba hacia abajo. Para ustedes que son dueños de negocios, su responsabilidad no es sólo dirigir el negocio, sino también crear el ambiente que ustedes desean para su trabajo y para la gente que trabaja con ustedes. Para los que no son dueños de negocio todavía, pueden ayudar a crear el ambiente que quieran en su trabajo actual y con sus compañeros. ¿Qué tal en casa con tu familia? ¿Qué quieres crear a diario en ese espacio?

Una visión empieza con la pregunta, "¿Qué quieres?" A nivel superficial todos tenemos algo que queremos. Ésta es apenas la punta del témpano de hielo. Tal vez digas, "Yo quiero hacer dinero. Yo quiero un BMW o un Rolex. Quiero viajar. Quiero ser delgado." Pero si pelas las capas de la superficie y escarbas profundo hacia lo que *realmente* quieres, encontrarás la primera parte de lo que estoy hablando. Pregúntate qué quieres en la vida. ¿Qué quieres que la gente diga sobre ti cuando les pregunten? Cuando las personas escuchen tu nombre, ¿cuáles son las cualidades que quieres que recuerden? No puedes impedir que la gente tenga cierta opinión de ti, pero puedes afectar sus pensamientos y experiencias viviendo tu visión y usando tu mantra interno.

A continuación verás un proceso paso a paso para formular tu propia visión. Paso 1: Imagínate en el futuro—uno, dos, cinco, diez, veinte años en el futuro, tanto en lo personal como en lo profesional. ¿Cuál es la vida de tus sueños? No tienes limitaciones. Escríbela y descríbela en detalle.

Paso 2: ¿Cuáles son las emociones que quieres asociar con la vida de tus sueños? Por ejemplo, deseas amor, conectividad, pasión , intimida, diversión, aventura, libertad, alegría, energía, plenitud, satisfacción? ¿Algo más? Tú escoges. Lo que tú desees está en el menú. También puedes distinguir entre tu vida personal y profesional.

Paso 3: ¿Cuáles son los valores, actitudes, comportamientos y acciones que te apoyarían en manifestar ese sueño? Sé específico. Declara por lo menos cinco.

Paso 4: ¿Cuáles son los primeros pasos que debes tomar hoy, mañana, esta semana, este mes para reducir el espacio entre dónde estás y la manifestación de la visión en tu futuro? Antes de llegar a la luna, tenemos que asegurarnos que la aeronave pueda subir al espacio. Antes de llegar al espacio, tiene que despegar. Trabaja hacia atrás. Sabes a dónde voy con esto, ¿cierto?

Paso 5: Comprométete a crear la visión. Date la palabra a ti mismo. Empieza contigo. Debes estar dispuesto a mirar en el espejo y honestamente decir, con coraje, poder, y autenticidad, "Yo declaro mi visión. Haré que ocurra porque yo lo digo. Yo soy el autor de mi vida. Soy el capitán de mi barco." Pregúntate, "¿Qué haría Bill Gates? ¿Qué haría Tim Cook? ¿Qué haría Oprah?" Y ahora declara tu visión al mundo. Ve en grande; no reprimas nada. Sé vulnerable. Compártelo con la gente en tu vida que te pueda pedir cuentas.

Comparte tu visión con pasión. Los visionarios no tienen vergüenza. No les importa lo que digan los demás. No les importa cómo se ven. No les importa si es bueno o malo. Aceptan el escrutinio. Son vulnerables. Viven Desde Las Ramas Más Altas. Todo el mundo tiene un punto de vista. No ha existido líder, creador, autor, inventor, o empresario alguno sin vulnerabilidad, sin una declaración pública de su visión, y el escrutinio y la crítica que vienen con ser atrevido. Pero los visionarios están dispuestos a soportar la negatividad porque están comprometidos con su visión. Ellos son su visión y su visión está en ellos.

Hace treinta años, yo declaré mi visión, que fue crear paz, amor, unidad y abundancia en cada aspecto de mi vida. Si yo estoy comprometido a crear paz, ¿juzgo a la gente? No. Si estoy comprometido a crear amor, ¿me quedo con sentimientos de enojo o frustración? No. Yo comunico lo que sea necesario para poder expresar mi dolor, enojo, o emociones. Y entonces dejo ir cualquier frustración. Espacio limpio, momento nuevo. Desde aquí, comunico puros pensamientos basados en posibilidades. La gente sentirá que realmente los amo y que me importan mediante lo que digo y lo que hago. Yo estoy comprometido a vivir mi visión 24/7/365, con rigor. Cuando me voy de vacaciones, mi visión viene conmigo. Nunca tomo una vacación de lo que me importa. Mis comportamientos, mis acciones, y mis valores son consistentes con mi visión.

El momento de vivir completamente es ahora. Todos hemos escuchado la expresión, "Baila como si nadie te estuviera mirando." Eso es una actitud basada en la visión el vivir Desde Las Ramas Más Altas de la vida. Aplícalo en tu vida. Si no puedes convencerte de tu visión, entonces no convencerás a nadie más. Tiene que ser por ti. Tiene que ser auténtico y genuino. Cuando es genuino y de corazón, lo puedes declarar en voz alta. Una vez lo haces, estás expuesto y en juego. Cuando un ser humano está expuesto, cuando está vulnerable y descaradamente comprometido, cuando no nos importa cómo nos vemos, cuando no nos importa lo que otros piensen, cuando no nos importa si otros aprueban o desaprueban, o si algo está bien o mal—¡Eso es PODER! Cuando vives en este estado, puedes crear lo que sea. Puedes crear lo que sea para ti y para otros. Cuando vives de esta forma, eres atractivo. Eres alguien que promueve e impulsa las cosas.

Gente como ésta inspira liderazgo en otros. Ellos encienden una chispa dentro de otros. Sí, serán criticados. Se arriesgan y exponen constantemente. Algunas personas mueren en el proceso de pararse por su visión y hacerla realidad. A menudo su visión es tan poderosa que están dispuestos a enlistar a otros para que la continúen, inclusive después que ellos se han ido. Cuando Martin Luther King murió, su sueño y visión siguieron viviendo. Cuando Gandhi murió, su visión continuó viva. Tu visión no sólo empieza y termina contigo. Tú eres el núcleo, y estás teniendo un impacto en todos a tu alrededor. El mundo entero se beneficia cuando un líder o visionario está viviendo Desde Las Ramas Más Altas.

Cuando yo pienso en el término "guiado por visión," pienso en alguien que tiene una clara intención detrás de lo que hace. ¿Qué tal crear una huella en el mundo? Todos serán recordados por algo. La gente va a hablar de ti, lo quieras o no. Recordemos esa sonrisa en el rostro de Richard Branson. Sí, lo que él estaba diciendo era maravilloso, pero fue su sonrisa y su energía lo que dejó el mayor impacto en cada uno de nosotros en la audiencia.

Como seres humanos, padres, ciudadanos, líderes, y dueños de negocio, nuestro primer paso es conectar con nuestra visión. Nuestra visión no es una misión. Una misión es lo que hace tu compañía. Una visión es el porqué haces lo que haces. ¿Cuál es el propósito de tu vida? Cuando te levantas de la cama en la mañana,

¿cuál es la visión que te mueve? Vive de acuerdo a tu mantra interno. Usa el mantra para interrumpir el miedo y la duda, para aquietar tu mente. Úsalo para centrarte. Desde los fundamentos de esas palabras, declara y crea una visión para tu vida. Entonces las palabras tendrán poder y vida. Ellas pueden a la larga convertirse en un filtro para la forma en que vives, y para las decisiones que tomas en cada momento en lo que apasionadamente y con convicción te lanzas hacia la manifestación de tu visión. Como dijo el filosofo griego Plato, "El hombre es un ser en busca de significado." ¡Empecemos la búsqueda!

## Capítulo Cinco

# AMA LA JORNADA

A MENUDO, HAY UNA BRECHA entre dónde estamos actualmente y el momento en el que manifestamos nuestra visión. Muchas personas suelen ser consentidas, demandantes, y controladoras. Quieren lo que quieren, y cuando lo quieren. Como seres humanos, demostramos una gran cantidad de impaciencia. También experimentamos intensa frustración y resistencia cuando nos damos cuenta que no hemos "llegado" todavía. Pero, ¿qué tal si no hay nada allá en la recta final? ¿Qué tal si lo que estás buscando no es la satisfacción del resultado final? ¿Qué tal si la llegada a tu destino no es más que un premio bobo?

Los niños viven por naturaleza en un mundo de fantasía. En sus mentes, ellos pueden imaginar un mundo muy, muy lejos, más allá.

En algunos casos, este mundo está tan lejos como sea posible de sus familias por la desagradable situación en la que se encuentran actualmente. Como seres humanos, uno de nuestros grandes retos es estar presente, estar totalmente conectados y enlazados con el lugar dónde estamos, con lo que estamos haciendo, con lo que sentimos, y con quién estamos. Piensa en todo lo que te has perdido porque no estuviste presente—esos especiales momentos que nunca podrás recuperar. Con la gente que amas. Con tus hijos. Los primeros pasos de tus hijos, el quinceañero de tu hija, su primera cita, tu equipo favorito ganando el campeonato. En vez de vivir ese momento, tu mente está distraída, pensando en el trabajo, preocupada por tu lista de quehaceres, pensando en algo que te está molestando. Tal vez tu mente está enfocada en tus miedos e inseguridades, o tal vez simplemente estás pensando en nada. Cuando no estás presente, te estás perdiendo las maravillas de la vida y todo lo que tiene para ofrecer.

*La vida ocurre en el momento, en la jornada.* Tenemos la oportunidad de crear la magia de vivir y desarrollar una profunda apreciación por lo que significa estar vivo. ¿Qué tal si vieras la vida, y la forma en que la vivimos, como un honor y un privilegio? ¿Qué tal si, "el tiempo es algo precioso," no fuera un gran eslogan que compartir? ¿Qué tal si decidieras no dar ni un minuto por sentado? ¿Cómo cambiaría la forma en que vives y las decisiones que tomas?

Algunos de nosotros tenemos dificultad incluso para apreciar la alegría y el amor. Invalidamos y minimizamos los sentimientos porque nos incomodan. A cierto nivel creemos que no merecemos sentirnos de esa forma. Que no somos dignos. La vida, como ya sabes, es larga y un camino tortuoso. Verdaderamente vivir requiere que tengamos una relación sana con el cambio. La vida incluirá riesgos, contratiempos, fracasos y dulces éxitos. Algunas veces sentirás orgullo. Otras veces, te sentirás incapaz y sobrecargado. Estos sentimientos y pensamientos conflictivos pueden inclusive ocurrir el mismo día. Pero debes entender que una vida que valga la pena vivir no empieza en algún momento distante en el tiempo. Empieza ahora, con el primer paso, y entonces continúa con el siguiente, y luego el siguiente. Tienes la capacidad de crear las experiencias que quieras disfrutar a través del camino. Úsalas como piedras de apoyo dentro del panorama general. No tienes que empezar en el punto A y sufrir hasta que llegues al punto Z. El camino desde el punto B al punto Y es lo que hace la diferencia en la manifestación de tu visión. Es aquí donde le das forma y moldeas tu vida. Tú tienes el poder y la habilidad de crear tus experiencias en la forma que lo desees. Ya sea que estés gateando o volando hacia Las Ramas Más Altas, el proceso en sí debe ser satisfactorio, o rápidamente perderás el deseo de seguir adelante.

Tienes que aprender a amar el proceso. Pero no puedes solamente amar los resultados. Si sólo disfrutas el principio y el fin, enfrentarás obstáculos después de los dos primeros pasos. Tu habilidad de traversar esos momentos que encuentras en el medio del camino determinará si tendrás éxito o no. Tener una gran idea es fácil. Piensa en todas las ideas que alguna vez hayas tenido que nunca hiciste realidad. Tu sabes, a veces estás sentado en el sillón con tu esposa o tu esposo cuando de repente te llega lo parece ser una brillante idea. Estás entusiasmado, pero no tomas ninguna acción para que ocurra. Tal vez te estancas en tu vida diaria o te abruman tus responsabilidades actuales, y tu brillante idea nunca ve la luz del día.

La vida es una jornada, no un evento. La mayoría de las personas existen en modo de supervivencia—en vez de vivir en Las Ramas Más Altas, sólo saltamos de evento en evento. Estamos siendo movidos o guiados sólo por nuestras actividades. El término ser humano no está realmente alineado con la forma en que nos estamos comportando en la vida. Yo pienso que la mayoría de las personas podrían ser descritas como "hacedores humanos."

Nos hemos vuelto adictos a la actividad. Vamos de una actividad a otra, pero estamos desconectados de la vida. La tecnología ha revolucionado nuestra vida y ha transformado la forma en que vivimos de muchas formas positivas. Desafortunadamente, también ha tenido un impacto negativo porque ahora estamos más desconectados que nunca. La tecnología inclusive impide el estar presente porque ofrece una forma de conectar con todos excepto con la persona con quien realmente estás. ¿Por qué? Porque realmente no estás *con* ellos. Estás en su "vecindario." Estamos desconectados en nuestras relaciones y en la forma en que nos comunicamos con la gente. Enviamos un mensaje por el celular que dice "Te amo" en vez de decirlo en persona. Mucha gente ni se inmuta en llamar para experimentar una comunicación en vivo. Somos muy perezosos y estamos muy "ocupados", y ni siquiera sacamos el tiempo para deletrear palabras completas. Hemos convertido nuestro amor, entre otras cosas, en acrónimos: TQM, Bs.

Yo llamo esto amor de paso. Es comunicación pasajera. No es auténtico. No es significativo. No es abundante. Parte de la jornada de la vida es engrandecer los pequeños momentos, no pasar por ellos con prisa. Cuando éramos niños y veíamos un pájaro volar sobre nuestras cabezas o un avión en el cielo, parábamos de caminar en asombro y maravilla. Hacíamos miles de preguntas, preguntábamos "por qué" el mundo era como era: "¿Por qué el cielo es azul? ¿Por qué soy un niño? ¿Por qué tú eres mi mamá? ¿Por qué se llama pájaro?" Cada día era fascinante y maravilloso.

Estábamos llenos de asombro y encanto, viviendo la experiencia. Estábamos en el momento. Hoy eso no existe. Ahora tenemos que programar "intimidad en nuestra relación" en nuestra agenda. ¿En qué clase de mundo estamos viviendo que tenemos que poner la "cita amorosa" con nuestros esposos o parejas en el calendario? Esa no es la relación de alguien que está disfrutando la jornada de la vida. Eso es una persona que está impulsada por la lista de actividades que tiene que cumplir. Las relaciones se han en convertido en un viejo amigo con el que nos encontramos en ocasiones. Lo que está faltando es el gozo de vivir, de tener logros, del proceso de rediseño. Lo que falta es el gozo del momento cuando algo maravilloso está pasando, o ese momento en el que sabemos que hemos cometido un error, pero del cual también sabemos que podemos aprender una gran lección.

¿Estás viviendo en gozo, armonía, y amor? Si no es así, ¿qué podría ser más importante? Como seres humanos, tenemos la oportunidad de vivir en un estado de gozo, de aprendizaje, y de conexión. Tenemos la oportunidad de vivir en un estado que nos permita crear, de momento a momento, nuevas oportunidades para nosotros mismos. Podemos transformar fallos en logros. Podemos transformar obstáculos en oportunidades. En la película *Dead Poets Society*, el personaje caracterizado por Robin Williams le dice a sus estudiantes de secundaria, "*Carpe diem*, chicos. Hagan sus vidas extraordinarias." ¿Qué requerirá convertir los momentos ordinarios en algo extraordinario?

Todos hemos escuchado la expresión, "¿Este vaso está medio lleno o medio vacío?" Veamos esto más a fondo. Mucha gente participa en su vida desde el punto de vista de una víctima. Y una víctima participa en la vida desde la perspectiva de cero responsabilidad. ¿Cuál es la definición de la palabra responsabilidad? Qué tal: Habilidad-de-responder. Si yo soy responsable, entonces soy el autor de mi vida. Yo soy la fuente. Soy la causa. Tengo el poder. Puedo usar mi poder para causar un cambio. Así que volviendo a esa vieja pregunta, yo pregunto: ¿Quién vertió el vaso? ¿Qué echaste en el vaso? ¿Por qué dejaste espacio extra? Tal vez el espacio está allí para recordarte de todo lo que está disponible para que puedas crear nuevas posibilidades.

Como vimos anteriormente en el libro, la vida no es un juego de perfección. La vida no siempre transcurre como quisiéramos. A veces mordemos un limón agrio cuando queríamos probar algo dulce. Tal vez estabas comprometido a perder veinticinco libras en seis meses, pero sólo lograste perder quince. Tal vez estabas comprometido a expandir tus ganancias un 10%, y sólo lograste expandir un 1% ese año. Éstas son las realidades de la vida. La realidad de la jornada es que no siempre sale como queremos.

De modo que imagínate si pudiéramos transformar la forma en que nos relacionamos con esos fallos, y la forma en que nos relacionamos con las cosas que no salen como quisiéramos que salieran. ¿Cómo podemos hacer eso? Es simple.

Un reto es como un regalo. Mirémoslo como una oportunidad de aprender, de crecer, y una oportunidad de reinventarnos, de rediseñarnos. ¿Qué tal si no hay accidentes y que todo lo que está pasando en tu vida está pasando por una razón? ¿Cuál sería la razón?

Como les había mencionado, yo juego golf. El golf puede servir como un espejo de la vida. Yo creo que la forma en que alguien juega golf es exactamente como vive su vida. A veces estás jugando muy bien, y de repente tienes un mal tiro. De la nada, un mal tiro. Tal vez terminas en los árboles o en la arena. Obviamente, cuando haces ese mal tiro, tienes una opción. ¿Cómo respondes? ¿Cómo reaccionas? ¿Te vuelves una víctima? ¿Te enojas contigo, usas toda tu energía para caerte a palos por hacer un mal tiro de la nada? O ¿ves esto como una oportunidad para aceptar lo que es? Hiciste un mal tiro. ¿Y qué si estás en los árboles? ¿Y qué si estás en la arena? ¿Qué vas a hacer al respecto? ¿Cómo puedes convertir este fallo en una posibilidad emocionante y creativa? Cualquiera puede hacer un gran tiro de golf desde el medio del *green*, sin obstáculos. Pero, ¿qué tal dar un toque de gancho, hacia arriba y por encima del lago, sobre la arena, y no tan lejos, de manera que queda en el *green* y termina cerca del hueco? ¡Sería el tiro del día!

Cuando cambias tu actitud y perspectiva, y decides no desperdiciar energía castigándote, y aceptas la situación como una oportunidad, puedes experimentar estas situaciones retadoras—en el bosque en la arena o en el agua—y encontrar una forma de hacer un buen tiro. Podrías crear en ese momento algo que nunca pensaste podrías crear. ¿Cuán emocionante es eso? ¿Qué tal si hay un James Bond, Batman, o MacGyver dentro de cada uno de nosotros?

Este momento se convierte en un regalo. En una increíble oportunidad. Al final de la partida, aunque terminarás con buenos resultados, no te importaría, porque lo único que importa es ese tiro que hiciste desde los árboles. Todo lo que importa es ese tiro que hiciste para salir de la horrible situación que tú creías que no podías manejar. Lograste hacerlo porque tuviste la habilidad de verlo como una oportunidad, la habilidad de conectarte con tu creatividad. Respondiste a la situación que se te presentó. ¿Cuáles eran tus otras opciones? La única realidad de haber terminado en el bosque es que estabas en el bosque. Lo que hagas desde el bosque depende completamente de ti.

Vivimos en una sociedad que celebra los éxitos y la alegría de nuestros logros de vida. Pero cuando las cosas se ponen ásperas, o cuando las cosas no salen como queremos, ya no aceptamos en el camino, ya no lo disfrutamos. En su lugar, automáticamente pensamos, "Yo soy la víctima en esta situación. ¿Por qué me está pasando esto a mí? ¿A quién puedo culpar, a quién le echo la culpa de este fallo? Sáquenme de aquí, renuncio." A menudo miramos al pasado, lo vemos a través de nuestras creencias limitantes, y usamos nuestros fallos actuales para validar y alimentar esas viejas conversaciones.

Si pudiéramos transformarnos a vivir en el camino de los fallos de la misma forma en que lo hacemos en el camino del éxito, podríamos fortalecer nuestra conexión a la vida. También podríamos acortar el trecho entre los fallos y los logros. Cuando estoy con otras personas a menudo me hacen la pregunta estándar, ¿Cómo está tu esposa?" Tengo la oportunidad en ese momento de salir del autopiloto, para conectarme con la pregunta y conmigo. O podría responder en automático y decir, "Ella está bien." Yo elijo observar mis genuinos sentimientos y responder auténticamente, expresando cómo realmente me siento. Así es cómo vives en el momento. Así es cómo vives en la jornada. Yo amo a mi esposa Hillary más de lo que yo creí que fuera posible en una relación romántica. Continuamente me sorprende. La admiro y respeto. Ella es la mujer más amable, generosa, y hermosa que he conocido. Yo soy bendecido de estar en esta relación. Imagina que si te hacen la misma pregunta, tomas un momento para cotejar tus sentimientos. Hablar desde tu autenticidad le da vida a la relación. No la minimiza. ¿Cuántas veces has escuchado a alguien decir "la mujer," cuando hablan de su esposa? "La mujer quiere que compre la leche." Esas palabras suenan como uñas en un pizarrón en mis oídos. ¿Quién quiere estar en una relación así? Claramente, él ha perdido la chispa, la pasión, la novedad, el gozo, la conexión, o simplemente está en automático. ¿Puedes imaginar cómo se siente ella?

En tantas relaciones, no son los grandes problemas, como la infidelidad, los que matan el amor. Es el uso inapropiado del sarcasmo, cuando te pierdes los hermosos momentos diarios porque tu mente está divagando. Es aferrarse a los pequeños errores que comete tu pareja: dejar la ropa sucia en el piso, dejar la pasta de diente sin la tapa, no bajar la tapa del inodoro, o dejar su maquillaje en el mostrador. Con el tiempo nos entumecemos, y en otros casos, nos volvemos amargados. Estas situaciones se pueden resolver mediante una comunicación básica, honestidad y haciendo sencillos pedidos. "Hablando en vez de enviando mensajes por el celular" es mi lema, y es la clave de una relación saludable.

Ahora, si un gran fallo ocurre, tal vez un gran fracaso o decepción, o tal vez una dolorosa pérdida, ¿qué pasaría si te das el permiso de experimentar al dolor, el sufrimiento o la frustración? ¿El permiso de soltar las emociones? Si necesitas llorar y gritar o dejar salir tus emociones porque te están comiendo vivo, y te sueltas. Ésa es una forma saludable de vivir. No puedes elegir sólo rendirte a las emociones de felicidad. ¿Alguna vez has escuchado a un niño decir cosas como, "Necesito mi café antes de ver la TV. No soy buen madrugador". O " Gracias a Dios que es viernes. La vida es dura. Estoy tan estresado." O "Me niego a seguir jugando con Robert. Él saboteó mi relación con Ashley; nunca volveré a confiar." Tú nunca escucharías estos comentarios de un niño pequeño porque ellos nunca lo dirían. ¿Quién necesita café? ¡LOS ADULTOS!

¿Por qué los niños tienen tanta energía natural? Porque ellos experimentan sus emociones en su totalidad todo el tiempo. Cuando terminan, lo dejan ir. Ellos no se inventan interpretaciones que les causan continuo dolor o estrés. ¿Cuán a menudo lloras? Yo pienso que un ser humano saludable tiene la capacidad de conmoverse hasta llorar cada día. Ya sean lágrimas de alegría o lágrimas de dolor, te estás entregando a una experiencia de limpieza, que es esencial para vivir. Yo puedo literalmente mirar a mis hijos y llorar simplemente por la conexión de amor, gratitud y orgullo. Mi hija Savannah y yo jugamos un juego donde hacemos contacto visual y vemos quien puede llorar primero. ¿Locos? Tal vez. Como Beyoncé, Locos de amor. Hasta Larry suelta sus lágrimas de vez en cuando.

Es importante experimentar la jornada, todas y cada una de sus partes. No te pierdas un momento. Aprende a tomar esos fallos y corregirlos conectándote con tu poder, tu responsabilidad, y tu creatividad. Mira cada pequeño fallo como un regalo en vez de un castigo.

La felicidad es algo que nosotros generamos. El gozo es algo que nosotros creamos. La gente está feliz cuando sigue su visión, cuando están orgullosos de sí mismos. Y no digo "orgullosos" en el sentido de que nuestros egos necesitan ser reconocidos constantemente por otra gente. Estoy hablando de ese profundo sentido de orgullo que tenemos cuando vivimos a través de nuestra visión, cuando somos auténticos y honestos con nosotros mismos, cuando tomamos acciones comprometidas consistentes con la visión que declaramos, cuando hacemos lo que predicamos. Cuando estás con gente así, lo ves en sus ojos, en su energía, y en su forma de ser. Ni siquiera tienen que hablar para que lo sientas. Ellos entran a cualquier lugar, y puedes sentir su energía instantáneamente—la puedes ver y sabes que quieres conectar y estar cerca de esa persona. Esperas que algo de esa magia se te pegue.

A veces ocurren tragedias en nuestras vidas. Por ejemplo, la gente muere a diario en el mundo. La gente está en crisis. Tal vez tenemos amigos y familia que han perdido sus empleos. Tal vez tenemos amigos y familia sirviendo en Iraq o Afganistán y no están en casa con nosotros ahora mismo. Todos tenemos metas en la vida que no logramos. Todos tenemos problemas de comunicación con nuestros seres queridos. Mientras escribo esta parte del libro, recibí la noticia de que un viejo amigo falleció. Recibí la noticia en un texto. ¡Wow!

Vivir en un constante estado de felicidad puede a veces ser interrumpido por eventos reales y experiencias humanas por las que todos pasamos. No son eventos que puedes controlar. La naturaleza de la vida y de vivir es que inevitablemente, la gente muere. Es una experiencia dolorosa y emocionalmente difícil para cualquiera y para todos. A menudo, cuando perdemos a alguien especial, nuestro instinto natural es pasar por el proceso de duelo. Uno de los primeros pasos en el proceso de duelo es la ira. Mientras más trates de controlar el enojo, peor se pone. Estar en negación y suprimir las emociones nunca resuelven el dolor o el sufrimiento—en realidad hace que los sentimientos empeoren y se vuelvan tóxicos y permanentes.

Cuando no nos permitimos experimentar naturalmente nuestros sentimientos, apagamos y cerramos nuestro deseo y disposición de compartir nuestro ser emocional con otros. Nos retiramos a nuestra zona cómoda. Creamos paredes a nuestro alrededor y armaduras imaginarias para escudarnos y protegernos de un percibido dolor. Nos convencemos que es más seguro protegernos detrás de las paredes si la causa del dolor está al otro lado. ¿Es cierto eso? Si estás sintiendo dolor, pero no te das permiso para experimentarlo, ¿se irá algún día y mejorará? Si estás en un estado de adormecimiento, si básicamente estás experimentando nada ¿es permanente o es temporal?

En el trabajo de la transformación, he descubierto que "¡LA ÚNICA MANERA DE SALIR ES ATRAVESANDO!" Cuando tenemos suficiente coraje para ver e incluso confrontar nuestro dolor tenemos el poder de DEJARLO IR. ¿Cuál es el verdadero valor de sentir el dolor, no importa cuán difícil o incómodo éste sea? Puedes reclamar quién eres y volver a abrir tu corazón al mundo que te rodea. Pasar por esta limpieza emocional nos permite reconectar con el gozo de el amor, de la vida, y del vivir. La alegría es uno de los estados de ser más elevados, y está disponible para todos independientemente de las condiciones o circunstancias.

Aún en una experiencia alegre, podemos encontrar lágrimas, fallos, y momentos de tristeza. Pero te relacionas con estos momentos desde un espacio de responsabilidad, y desde esa responsabilidad, lo puedes convertir en un logro y reencarrilarte, para continuar la creación de la vida que quieres vivir.

En Carolina del Sur durante el verano de 2015 ocurrió un incidente horrible. Un hombre blanco entró a una iglesia y mató a unos jóvenes que estaban en oración. El hombre los mató por ser afroamericanos. Fue un acto maligno de terrorismo, odio y racismo. Tres días después de ocurrido el asesinato, las familias de las víctimas fueron entrevistadas y mostraron mucha vulnerabilidad, gracia y perdón por el hombre que cometió los crímenes.

Aún en situaciones y circunstancias extremas, debemos encontrar la fortaleza para experimentar nuestros sentimientos, limpiar nuestros espíritus, y reconectar con nuestro poder para causar cambio y crear una vida que valga la pena vivir. Negar el dolor lo perpetúa. ¡Vivir el dolor lo resuelve!

Puedes tomar pasos concretos en la manifestación de tu visión, y simultáneamente experimentar la jornada. Quiero presentarte una herramienta que llamo Plan Estratégico Personal (PEP). No es una lista de quehaceres. Un PEP está basado en pasos específicos y accionables y un método claramente elaborado para llevar a cabo la meta final, y por supuesto tu visión.

Los negocios exitosos tienen planes de negocio, y dentro de su plan de negocios, están constantemente adaptándose y ajustándose a las tendencias y al medio ambiente. Esto requiere un proceso regular de revisión para ver lo que está funcionando y lo que no está funcionando. Como resultado, tal vez tengas que plantear y replantear tus metas, estrategias, y métodos. Te invito a que tomes el tiempo para crear un PEP para tu vida que se alinee con tu visión. Tu PEP incluye todas las áreas de tu vida: relaciones personales, relaciones familiares, negocios, finanzas, manejo del tiempo, salud, recreación, viajes, etc.

Por ejemplo, tal vez quieres regresar a la escuela para completar tu carrera u obtener un título avanzado. Tal vez quieres comunicarte a un nivel más alto en tu matrimonio. Tal vez estás listo para arriesgarte a iniciar una nueva relación romántica. Tal vez quieres conocer nuevas personas y crear nuevas oportunidades sociales. Tal vez quieres una nueva carrera. Tal vez quieres mejorar tu salud, perder peso, y tonificar tus músculos. Tal vez quieres ahorrar dinero, invertir en tu futuro, y quizás escribir un libro de poesías. Las posibilidades son interminables.

Sentémonos y tomemos el tiempo para crear un Plan de Estrategia Personal. Empieza escribiendo tu visión en la parte de arriba de la página. Ahora escribe tu mantra personal, empezando con "Yo soy un (o una)...". Luego, crea una lista de las áreas de tu vida en las cuales estás comprometido a lograr resultados extraordinarios. Declara tus metas a corto y largo plazo y los compromisos en cada una de las áreas de manera individual. Asegúrate de entender la diferencia entre una meta y un compromiso. Una meta es algo específico que quieres lograr. Un compromiso es algo específico que harás no importa qué. Por ejemplo, tal vez tu meta es perder cincuenta libras porque quieres ser saludable y poderoso, y te quieres sentir súper sobre la vida y el vivir de nuevo. Tu compromiso, por otro lado, es perder veinticinco libras en los siguientes doce meses. Tal vez tu meta es estar casado con 2.5 niños en los próximos cinco años y vivir en una casa de dos pisos con un bello jardín. Tu compromiso sería empezar a tener citas románticas para identificar los atributos claves que estás buscando en una relación romántica, y ser riguroso en elegir la pareja que comparta la visión en común contigo.

Tu meta es algo que realmente quieres, algo que estás apasionado en tener o lograr. Las metas automáticamente te empoderan y te inspiran. Triunfar en ellas transformaría tu vida y te ayudaría a crear una vida que valga la pena vivir. Pero con una meta, no estás muy dispuesto a poner tu palabra en juego. Obviamente todavía quieres que ocurra, pero querer algo y estar comprometido con algo no es lo mismo. Cuando haces un compromiso, estás poniendo en juego tu palabra. Estás diciendo que harás esto no importa qué, que estás comprometido a lograr que ocurra. Que honrarás tu compromiso y honrarás tu palabra. No te detendrás hasta obtener los resultados. Lo lograrás en la fecha que te has propuesto, y no después.

Digamos que tu meta es estar más cercano y conectado con tu esposa. Tu meta y estrategia en general es llevar tu relación amorosa a un alto nivel de intimidad. Puedes hacer el compromiso de comunicarte diariamente con ella, independientemente de las circunstancias. No importa dónde estés trabajado en el mundo, te asegurarás de comunicarte con tu esposa por un mínimo de cinco minutos, un mínimo de diez minutos, un mínimo de una hora, o lo que funcione basado en tus responsabilidades diarias y tu disponibilidad. Necesita ser algo que puedas hacer todos los días no importa dónde estés. A veces están juntos y a veces estás viajando fuera de la ciudad, pero ese compromiso está presente cada día, no importa qué. Tú has dado tu palabra de crear esta conexión amorosa e íntima a pesar de las circunstancias, incluyendo las del tiempo y la distancia. No sólo es tu palabra, sino que la misma surge del deseo de experimentar la magia del amor con tu esposa y darle la conexión que ella también desea. Esta acción comprometida está alineada con tu visión de la jornada que estás apasionado por crear.

Cuando honramos los compromisos de nuestro PEP, desarrollamos hábitos completamente nuevos en nuestras vidas y logramos avanzar en la dirección de nuestras visiones. Nuestro hábito ya no es la comodidad. Nuestro hábito ya no es meramente sobrevivir. Nuestro hábito ya no es conformarnos con la mediocridad. Nuestro hábito ya no es inventar una gran historia o excusa para justificarnos cuando fallamos en darle seguimiento nuestras metas.

En cambio, nuestro nuevo hábito es excelencia y traer el futuro al presente. Nos sentimos muy bien acerca de nosotros mismos cuando logramos nuestros compromisos diarios, y como resultado, creamos un ímpetu—ganar es contagioso. Y por eso tenemos hambre de hacerlo mañana también.

He aquí un excelente ejemplo de algo en ímpetu. Mi esposa hace ejercicios cinco o seis días cada semana, a veces hasta los siete días. Lo hace porque así se siente bien consigo misma. Se empodera. El ímpetu de la sesión previa la propulsa a practicar e incorporar nuevas rutinas de ejercicio. Ella también se ejercita los días en los que no siente ganas de hacerlo. Inclusive hace ejercicios cuando se siente enferma ¿Por qué? ¿Cómo? Porque la guía su visión y ha hecho un compromiso con su salud. Es como que va a ocurrir no importa qué, y cuando ese comportamiento consistente ocurre, la visión empieza a hacerse más y más real. Ella ha establecido su nueva zona cómoda, que es salud en excelencia. No necesita ningún tipo de impulso o motivación externa. Al contrario, está dirigida por su propio combustible natural de crear una vida que valga la pena vivir.

Nosotros podemos hacer compromisos a corto plazo, ya sea de negocios, nuestra vida personal, relaciones, salud o finanzas. Tal vez quieres ahorrar dinero, y ahora mismo puedes guardar $50 a la semana. ¿Qué haces? Das tu palabra de ahorrar por un cierto periodo de tiempo, no importa qué. Igual que escribes cheques para pagar la renta o hipoteca, también depositas $50 cada semana en una cuenta de ahorros. Este dinero no puede tocarse porque de hacerlo no has honrado tu compromiso. Eso es $200 al mes,

$2,400 al año. De aquí a diez años, ¿cuál sería el valor de esos $2,400 si se hubieran invertido en una cuenta de ahorros o un IRA? Podría convertirse en una importante cantidad que puedes usar para tener el viaje de tus sueños, la matrícula del colegio de tu hijo, o tu retiro en la playa en Florida.

Puedes lograr mucho haciendo pequeños compromisos día a día y cada semana que te llevarán hacia mayores metas y compromisos. Recuerda, una meta es algo que tú quieres, algo que te apasiona, algo que se alinea con tu visión, pero que todavía no estás dispuesto a poner tu palabra en juego para que ocurra. ¿Trabajarás de todos modos para lograrlo? Sí. ¿De verdad lo quieres? Por supuesto. ¿Es importante para ti? Absolutamente. ¿Estás tomando acción? Definitivamente.

Pero esto no es lo mismo que dar tu palabra. Tu palabra está en juego cuando te arriesgas públicamente por lo que quieres. Si estás comprometido con algo, entonces estás dando tu palabra que lograrás que ocurra en esta fecha, o en tal día. Cero historias, cero excusas, cero justificaciones. Puedes lograr resultados en tu vida, o puedes seguir repartiendo las mismas excusas. Recuerda, hemos desperdiciado bastante tiempo en nuestra vida. Cuando nos levantemos, cuando estemos listos, o casi listos, cuando salgamos allá afuera, algún día, esperando, cuando la hierba se ponga más verde, cuando los hombres cambien, cuando cambien las mujeres, cuando escojamos un nuevo Presidente, cuando tegamos un nuevo jefe, el próximo año, etc. Hemos perdido mucho tiempo buscando pretextos y fabricando historias en vez de tomar acción comprometida.

Cuando estamos comprometidos a hacer algo, la historia ya no importa, las excusas no importan, y tus circunstancias no importan. Cuando te comprometes con algo, estás alineado con tu visión en cada faceta de tu ser. Cada acción que tomas te acerca a lograr ese compromiso, y no te detienes hasta que obtengas el resultado.

Cuando tengas los resultados, estarás entusiasmado y listo para llegar al siguiente nivel de logros. Imagina que estás a punto de montarte en la montaña rusa *Space Mountain* en Disney World, y tienes la oportunidad de cambiar de opinión y bajarte antes de que bajen la barra de seguridad. Cuando se baja la barra, ¿qué significa eso? Significa que estás comprometido con la decisión de ir en ese viaje, y te guste o no, estás en el viaje hasta que se complete. Cómo te sientas, y si lo disfrutas o no, depende sólo de ti, pero no participar en el viaje ya no es una opción. Estás comprometido al 100%. ¿Te imaginas estar comprometido con tu vida y tu PEP a ese nivel? Crearías resultados extraordinarios, y te apuesto a que descubrirías tiempo libre que no creías tener.

No importa cuán comprometido y dirigido por tu visión estén, todos experimentarán contratiempos de vez en cuando en la jornada de la vida y el vivir. Sir Richard Branson, que como recordarás está creando una aeronave espacial para llevar pasajeros al espacio, tuvo que confrontar un accidente fatal durante un viaje de prueba. Esto fue un enorme contratiempo para su compañía. Fue un escándalo público. Hace veinte años, no hubiera sido una gran historia. Pero hace veinte años, las noticias no corrían las 24 horas del día, siete días a la semana, y no existían las redes sociales. Mucha gente tampoco sabe que Branson una vez trató de volar un globo aerostático alrededor del mundo y también fracasó en aquel entonces. Cuando pensamos en Richard Branson, no pensamos que es capaz de fracasar. Estamos acostumbrados a asociar su nombre con el éxito.

Pero Richard Branson sufrió un gran contratiempo, y todos hablaban de su fracaso. Los videos del accidente fueron repetidos varias veces en cada canal de noticias. Esto era una pesadilla publicitaria para un negocio que aún estaba en la fase de visión y de desarrollo. Pero aunque experimentó este gran percance, no desistió de lograr su visión. Regresó del viaje y aceptó la tristeza que sintió por la pérdida de la vida del piloto. También declaró su compromiso de ocuparse de la familia del piloto y hacer lo que fuera necesario para sanarlos de esa trágica pérdida. Aún así, le reafirmó a todos que esto era parte del proceso de manifestar su visión. Él había hecho este compromiso y no se detendría. Dado el profundo de cariño y compasión que sentía hacia sus empleados, la trágica e inesperada muerte del piloto lo abrumarán más que el inconveniente para su empresa. Tal vez la actitud de Branson y su visión del mundo ayudarán a la familia del piloto y a todos los involucrados en el periodo de sanación. Todos conocían el riesgo envuelto en esta aventura. El piloto estaba haciendo lo que amaba, viviendo su propia visión en el momento de su muerte. Asumo que detrás de las cámaras, debió haber mucha conmoción, y no sólo por las familias afectadas. Estoy seguro que había dolor, devastación, rabia, y frustración por todas partes. Cuando ocurre una tragedia, es tiempo de dejar que fluya el río.

En la vida, todo el mundo necesita ocasionales "momentos de Dennis Rodman", como yo los llamo. Dennis Rodman era un jugador profesional de baloncesto de la NBA, aunque era probablemente más famoso por sus vociferaciones y expresiones violentas que por su juego en sí. El vivía su estado emocional de momento a momento. Aunque no se comportara profesionalmente o manejara sus emociones de forma efectiva, desahogarse no es intrínsecamente malo. No hay nada malo con expresar las emociones. No hay nada malo con soltar el dolor. ¿Cuáles son tus alternativas? Si estás enojado, estás enojado. Si estás triste, estás triste. Al reconocer tus sentimientos y darte permiso para soltar tus emociones, puedes eventualmente dejarlos ir.

El enojo y la frustración son reacciones completamente humanas al fracaso y los contratiempos. Es normal tener sentimientos, y querer expresarlos y sacarlos. Pero necesitamos encontrar un ambiente saludable para hacerlo—y una forma saludable de hacerlo. Por ejemplo, podrías hablar con un amigo. Podrías discutirlo con tu esposo o esposa. Tal vez te sientas mas cómodo con un coach o terapeuta. Cualquiera que sea el método que uses, todos necesitan encontrar un medio de soltar la rabia, la frustración, y la emoción. Deja salir el dolor; deja ir el daño.

Es importante encontrar a alguien que sea capaz de mostrar empatía, compasión, sensibilidad, y tal vez alguien que esté de acuerdo contigo en todo lo que digas mientras ventilas tu frustración . No quieres desahogarte con alguien que te está retando en cada vuelta o diciéndote cosas como, "Bueno, pero eso no es cierto," o peor aún, juzgándote, o ni siquiera escuchándote. Si estás compartiendo algo realmente incómodo o doloroso sobre tu esposo, tu padre o tu jefe, necesitas encontrar a alguien que ofrecerá el espacio seguro y sin juicios para que te expreses.

Uno de los pasos más valiosos que puedes tomar es participar en uno de los extraordinarios talleres transformacionales que yo dirijo. Por ejemplo, tenemos un centro de entrenamiento en Puerto Rico llamado Impacto Vital. Los entrenamientos son una excelente herramienta que puedes usar para ventilar, soltar y dejar ir. Pero también los puedes usar para transformar tu futuro, tal y como yo lo hice. Yo recomiendo enfáticamente participar en uno de estos talleres tan pronto sea posible. Hay muchos otros centros en los Estados Unidos, en Latinoamérica, y alrededor del mundo. Yo trabajo con muchos de los mejores: MITT en Los Ángeles; Espacio Vital en Phoenix; y WE en Madrid, España. Puedes buscar en la Internet para encontrar información sobre el centro más cerca de ti.

Todos necesitamos la oportunidad de desahogarnos sin miedo al desacuerdo. Si puedes comunicar tus emociones negativas efectivamente a otra gente, de manera que les "llegue" tu punto de vista, entonces puedes empezar a soltar. Puedes dejar ir tus emociones, tus frustraciones, y tus decepciones—todo eso que no te permite estar presente y disfrutar el camino. Lo que estás haciendo es básicamente limpiando tu mente de toda basura emocional.

Cuando decimos que alguien nos entiende, no significa que la otra persona está de acuerdo con nuestra opinión. Que nos llegue la comunicación de alguien significa recibirla, escucharla, mostrar empatía, compasión y entendimiento. Cuando las personas sienten que son escuchadas, pueden dejar ir algo. Cuando la gente siente que alguien los entiende, pueden soltar. Hasta que eso ocurra, las personas se aferrarán a esos sentimientos y tal vez nunca los dejen ir. Cuando eras un niño y te lastimabas jugando afuera, buscabas a tu madre (o alguna figura similar en tu vida) para que te consolara, y te diera un beso y un abrazo, pero aún mas importante, que "entendiera" por lo que estabas pasando. Todos necesitan a alguien que valide su experiencia.

Los atletas tienen que pasar por este proceso constantemente. Los equipos que ganan campeonatos, los que son reconocidos como los grandes en sus respectivos deportes, también pierden juegos. Ellos también pueden tener días malos. El béisbol es un excelente ejemplo. Hay 162 juegos en una temporada de béisbol, y un equipo campeón por lo regular pierde alrededor de setenta y ocho juegos antes de que finalmente ganen la Serie Mundial en octubre. ¿Puedes imaginarte perder setenta u ochenta juegos al año cuando eres considerado el mejor equipo del mundo? Puedes ser considerado el mejor equipo aunque ganes solamente el 60% de los juegos. Así es como funciona el béisbol. Yo creo que podemos ver la vida de esa misma forma.

En la vida, algunas veces cometeremos errores, y no saldrán las cosas. Experimentaremos desconsuelo y rechazo. ¿Realmente te sirve de algo tomar los resultados personalmente? ¿Resistir el enojo emocional? Aguantar el dolor, tratando de controlarlo, no nos apoyará en regresar al juego de la vida con confianza. Nos llevaría en dirección a la inseguridad, a una falta de fe en nuestra habilidad para nuestras metas. Se sentirían inalcanzables y como una montaña imposible de escalar. Esto ocurre en los deportes todo el tiempo, como cuando un bateador pasa por una caída de bates. Puedes observarlo en su energía, en la forma en que habla y se conduce. También lo puedes ver en la forma en que usa el bate. De repente se vuelve indeciso, no puede calcular la diferencia entre una bola y un *strike* cuando es el momento del lanzamiento. Puede incluso afectar la forma en que el lanzador le tira la bola al receptor.

Hubo un lanzador de los Cardenales de San Luis que no podía tirar la pelota de manera asertiva al lanzador. En cambio, la tiraba en la tierra y en la cerca detrás de la base. Como fanático, era doloroso ver lo que estaba pasando. Era imposible mirarlo sin sentir pena por él, y él mismo estaba claramente avergonzado y apenado. Perdió su confianza por completo. Después de un año de trabajar en su técnica y en su bloqueo mental, era obvio que sus días como lanzador habían terminado. La mejor parte de la historia es que este jugador, cuyo nombre es Rick Ankiel, se reinventó y rediseñó en su posición como jugador. Desde entonces se dedicó a crear una productiva carrera jugando en otra posición totalmente diferente. Los Cardenales inclusive ganaron una Serie Mundial con él jugando en el jardín central. Tú también puedes rebotar de tus fallos y transformarte en una nueva versión de ti. Si dejaras ir tu primera estrategia, el plan del juego, y posición en la vida, ¿qué eligirías jugar? ¿En qué nueva dirección llevarías tu vida?

Algunas veces es difícil dejar ir las cosas que te importan—las cosas que has decidido son importantes para ti—aunque no lo sean. No importa si es una carrera con la que soñabas, una relación, un invento, una creencia, un punto de vista, o tus hábitos básicos. Claramente hay una diferencia entre sostener tus rutinas diarias mañaneras, como la forma en que te bañas o te vistes para ir a trabajar, y quedarte en una relación por mucho tiempo aún después de muerta. Observa detenidamente las cosas a las que te apegas en tu vida, las cosas que te detienen y que te mantienen pequeña. ¿Qué va a requerir para que las transformes? ¿Es posible transformarlas?

A veces dejar ir algo que nos importa se siente como una muerte. Las emociones son las mismas, pero aunque se sienta de esa forma, es sólo una emoción. El apego surge de nuestro ego, que quiere controlar el desenlace de las cosas en nuestra vida. Pero a veces, no importa cuánto querramos controlar la experiencia y el resultado, simplemente no está funcionando. Debemos aprender a dejar ir. Debemos entender que sentir como si fuera una muerte no es lo mismo que una muerte real. Cuando estabas en la universidad, ¿cuántas veces te fuiste de fiesta, tomaste mucho, y terminaste sintiéndote enfermo? ¿Recuerdas los pensamientos que tenías justo antes de vomitar, arrodillado frente al inodoro? Tal vez sonaba algo así como: "Dios mío, siento que me muero." Sí, era un sentimiento—sientes que te vas a morir porque estás a punto de vomitar. Pero sentir que te estás muriendo y realmente morir no son lo mismo. Ese sentimiento es una interpretación, es un pensamiento, y no es real. Lo que realmente estamos diciendo es, "¡Dios mío, estoy fuera de control en estos momentos, y no me gusta!"

Thomas Jefferson dijo en una ocasión, "El arte de la vida es evitar el dolor." Esto lo dijo un hombre que entretuvo a cientos de invitados durante los últimos veinte años de su vida en una fiesta sin fin en Monticello, su casa. Cuando Jefferson murió, estaba quebrado y endeudado. Pero nadie puede decir que no vivió una vida plena. Él ciertamente hizo lo que pudo para evitar el dolor. La mejor manera de evitar el dolor es soltándolo. Thomas Jefferson murió en el 50° aniversario de la Declaración de Independencia y del nacimiento de los Estados Unidos. ¿No es perfecto y fantástico que su muerte ocurriera en la fecha de esta extraordinaria celebración?

Volvamos a esa montaña rusa de la que hablamos antes. Yo afirmé que la vida es como un viaje en la montaña rusa *Space Mountain*. Al principio, cuando el carro empieza a subir todo el mundo tiene miedo. Estamos experimentando una tremenda sensación de miedo y nos ponemos tensos. Nos agarrarnos de la barra de seguridad lo más fuerte posible. Pero una vez que el carrito llega a la cima, de repente empieza a bajar, y esa misma gente que estaba aferrándose a su vida ahora tienen las manos arriba en el aire, disfrutando cada segundo. Muchos están gritando a todo pulmón. Cuando la montaña rusa llega a su final, esa misma gente que estaba pensando, "Odio esto. Voy a morir," ahora están diciendo, "¡Eso fue maravilloso! ¡Quiero hacerlo de nuevo!" ¿Por qué? Porque el miedo y la emoción, miedo y pasión, miedo y energía—son dos lados de la misma moneda. Cuando tienes miedo, tu enfoque es hacia adentro en supervivencia y auto preservación. Cuando estás apasionado y lleno de energía, tu enfoque es hacia fuera, hacia la creación de tu visión, creando una vida que valga la pena vivir, y llegando a la siguiente rama de ese árbol. Lo peor que podemos hacer cuando tenemos miedo es hacer nada. Necesitamos aprender a transformar y dejar ir nuestro miedo con valentía. Martin Luther King, Jr. dijo en una ocasión, "El coraje es acción frente al miedo." Cuando tenemos miedo, a menudo nos paralizamos y nos congelamos. Cuando tomamos acción frente a ese miedo, nos volvemos valientes. Cuando nos volvemos valientes, nos volvemos seguros. Cuando nos volvemos seguros, nos volvemos poderosos. Cuando nos volvemos poderosos, nos arriesgamos. Cuando nos arriesgamos, nos estamos moviendo hacia Las Ramas Más Altas, inspirando a otras personas a hacer lo mismo.

*La vida es una jornada. Sumérgete de lleno.* Celebra los momentos altos, y permítete experimentar por completo y soltar los momentos bajos. Cada respiración que tomas es un momento nuevo. ¿Qué otra opción tienes?

## Capítulo Seis

# ARRIÉSGATE

CUANDO LLEGAS A LA CIMA, sabes que llegaste a Las Ramas Más Altas. Estás viviendo la vida que siempre quisiste, estás creando resultados extraordinarios, estás experimentando el gozo de estar vivo. Sabes cómo se siente el ser libre, el vivir una vida de pasión y valentía. Eres el único autor indiscutible de tu vida y de las opciones en tu vida. Ya no estás limitado por las conversaciones de tu ego o por interpretaciones del pasado. Estás viviendo en un mantra interno y haciendo declaraciones poderosas y atrevidas. No vas a dejar que nadie te corte tus alas, incluyéndote a ti mismo. Aprecias cada momento, tanto los grandes como los pequeños. Estás presente en tus relaciones, y estás conectado con el mundo que te rodea. ¿Ya llegaste?

¿Ya estás en la cima? Ahora que has llegado a la cima del árbol, ¿hay algo más? ¿Hay algún nuevo paso para crear una vida al nivel más alto de consciencia? Absolutamente que sí.

Cuando los seres humanos exitosos llegán al nivel más alto en algún área de trabajo o de vida, por lo regular pierden su humildad. Sus conversaciones egocéntricas—aunque no lo quieran—regresan, como el robot en la película *Terminator*. Justo cuando piensas que desapareció para siempre, vuelve a aparecer. A veces como resultado de nuestros éxitos perdemos nuestra ventaja. Desaceleramos, dejamos de arriesgar, y nos volvemos complacientes. Cuando estás en el tope del árbol y finalmente llegas a Las Ramas Más Altas, no es el momento de parar. ¿Puedes detenerte para apreciar lo que has logrado? Por supuesto. Es esencial celebrar la manifestación de los sueños hechos realidad. Cuando reconoces y aprecias tus logros, realmente estás creando espacio para una nueva energía, y nuevas aperturas. Aquí es que la vida realmente se puede volver emocionante.

El nivel más alto de la Vida Desde Las Ramas Más Altas es mostrarle a otros cómo lograrlo. Es darles el regalo que alguna vez tú recibiste. Recuerda la respuesta de Albert Einstein a la pregunta que se le hizo sobre lo que pensaba que era el propósito de la vida, "La vida es un regalo y si lo aceptamos, debemos contribuir como respuesta. Cuando dejamos de contribuir, fallamos en responder adecuadamente el porqué estamos aquí." ¿Notas lo que no dijo? Él no dijo, "La vida es una perra, la vida es dura, la vida consiste en la supervivencia del más fuerte, la vida es avaricia, la vida es ganar a toda costa." Es hora de que todos contribuyamos en apreciación al regalo que recibimos.

Ahora que estás en la cima, no tienes más nada que probar. Sólo tienes que dar. Compartir tu visión, distinciones, y auténticas formas de ser con la mayor cantidad de personas posible. Cuando te das a otros, no sólo haces la diferencia en el mundo, tal vez hasta puedes empoderar a futuros líderes y creadores. Terminas creando un rediseño cultural. Este rediseño podría resultar en toda una nueva sociedad y civilización. ¿Cómo sabes si tu hijo o hija no será el próximo Steve Jobs, Amelia Earhart, o Nelson Mandela? Tal vez lograste llegar a la cima del árbol, ¿pero quieres estar allí solo? ¿Quieres estar solo mientras disfrutas del calor del sol en el fulgor de vivir la vida que siempre habías querido? Eso no tendría sentido. ¿Imagina si lo que te movió era el conocimiento de que podrías ser una contribución para la vida de otros en una forma tan profunda que ellos llegan a alcanzar ese mismo nivel del árbol, o inclusive un nivel más alto? ¿Hay suficiente espacio a tu alrededor para que otros brillen también?

El dramaturgo irlandés George Bernard Shaw dijo en una ocasión, "Este es el verdadero gozo en la vida, ser usado por un propósito que reconoces como un propósito poderoso; ser una fuerza de la naturaleza en vez de un febril, egoísta y pequeño terrón de dolencias y agravios quejándose de que el mundo no se ha dedicado a hacerte feliz. Soy de la opinión de que mi vida le pertenece a la comunidad en su totalidad y mientras yo viva, es mi privilegio hacer por ella todo lo que yo pueda. Quiero estar totalmente consumido cuando muera, porque mientras más duro trabajo, más vivo. Yo disfruto la vida porque sí. La vida no es una breve vela para mí, es más bien una espléndida antorcha que sostengo por el momento y quiero que brille lo más fuerte posible antes de pasársela a futuras generaciones." Toma un momento para digerir estas palabras, para sumergirte en su posible significado, tratándose del propósito de vivir. Shaw vivió hasta los 96 años de edad, y continuó escribiendo obras y libros y participando en activismo social hasta su muerte. Fue el único autor en ganar el Premio Nobel de Literatura y un Óscar por la mejor Adaptación de Guión Cinematográfico, por la película *Pygmalion*. También rehusó aceptar la Orden de Caballería del Rey de Inglaterra. Fue un líder inspirador con sus palabras y acciones. Fue celebrado y honrado con infinitos reconocimientos, que en mayor parte eligió no aceptar. Había un elemento de humildad en su trabajo y legado. Todas las personas se levantan en la mañana, pero no todos se levantan pensando y enfocándose en otras personas y la diferencia que puedan hacer en sus vidas. Si lo que nos moviera fuera el conocimiento de que podríamos contribuir a la vida de otros, nuestras propias vidas cambiarían, y la experiencia de vivir cambiaría con ellas.

La mayoría de las personas vive en pequeños impulsos, en momentos efímeros. La mayor parte de las personas dan a veces, pero la mayor parte no da como una forma de vida. La gente contribuye durante Navidad, en los cumpleaños y fiestas especiales como el Día de las Madres, el Día de San Valentín, y el Día de Acción de Gracias. Imagina si creáramos un ambiente, una nueva cultura, en la cual las personas eligieran dar como forma de vida.

Cuando yo pienso en mi hija Savannah, pienso en todo lo que amo de ella: sus hermosos ojos verdes, su personalidad burbujeante, su sonrisa de oreja a oreja, su risa, su sensibilidad, vulnerabilidad, pasión, ingenio, sentido del humor, e inteligencia. Veo lo que es posible, no lo que está faltando. Y honestamente puedo decir que su belleza exterior es su cualidad más fea. Y créeme, ella es extremadamente bella. (Es obvio que sacó eso de mí, jajaja.).

Mientras tanto, en mi relación con mi esposa, me enfoco en servirle y empoderarla en cada momento que estamos juntos. Yo me reto a crear nuevas formas de expresar mi amor y mi gratitud. Conscientemente elijo declararle mi amor a diario, crear nuevos niveles de amor, intimidad y gozo. Definitivamente no estoy operando en autopiloto.

Cuando te enfocas en darle a la gente que más te importa, te esfuerzas en transformar tu relación con el miedo hasta que el miedo ya no existe. No lo sientes. Pasas el tiempo pensando en contribuir, en dar, y en hacer la diferencia, aunque eso signifique sonreírle a un extraño en Starbucks, crear una relación significativa con tu esposa, o acercarte a un amigo que tenga alguna necesidad. Si no tienes el tiempo para hablar, sacas el tiempo, porque sabes cuánto significa para la otra persona. Imagina lo que sería posible, no sólo en tus relaciones cotidianas y en las experiencias en tu vida, sino en nuestras comunidades, nuestro país, y en el mundo entero. ¿Puedes visualizar el vivir en un contexto de dar?

Tal vez no vivimos en una cultura de dar, pero los norteamericanos son estupendos en momentos de crisis. Siempre estamos dispuestos a levantarnos en cada situación. Estudia nuestra historia y verás cuán a menudo estuvimos dispuestos a mostrar nuestra atención y compasión, a dar generosamente a los necesitados, aquí y alrededor del mundo. ¿Dónde estabas el 11 de septiembre de 2001? Es un día que recordaremos para siempre. Vivimos la trágica pérdida de miles de americanos que murieron en el World Trade Center, el Pentagon, y en los aviones secuestrados. Cuando ocurrieron estos horribles eventos, ¿cómo respondió Estados Unidos? Nos paramos uno al lado del otro, pusimos nuestras diferencias a un lado, y nos extendimos para ayudar a nuestros hermanos y hermanas a levantarse. Cuando ocurrió el tsunami en el Océano Índico en el 2004, aproximadamente 230,000 personas perdieron su vida. ¿Qué hizo Estados Unidos? Recaudamos 1.8 billones de dólares para ayuda y socorro.

¿Podemos dar? Sí, podemos. Y mira el impacto que tenemos cuando damos. Siempre pueden contar con nosotros en momentos de crisis. Pero ¿qué tal si no tuviera que ocurrir una crisis para que diéramos? ¿Qué tal si dar fuera tan importante como sobrevivir, tan importante como el aire que respiramos, tan importante como la comida, el agua, la ropa y el refugio? Imaginémonos que la sociedad en la que vivimos está ahora basada en una cultura de dar. Empieza con la forma en que nos comportamos con nuestras familias—la forma en que nos hablamos unos a los otros, la forma en que nos tratamos a diario. Si le enseñamos a nuestros hijos la importancia de dar, ¿qué diferencia haría en la calidad de sus vidas?

Yo defino la palabra "dar" como generosamente inspirar visiones en todas partes. Si damos, podemos crear un ambiente donde las personas se ven a sí mismas conectadas con el resto del mundo, donde propagamos unión y confianza en vez de miedo y separación. Einstein una vez dijo, "Un ser humano es parte del todo que llamamos universo, una parte limitada al espacio y al tiempo. Se experimenta a sí mismo y a sus pensamientos como separados del resto, un tipo de decepción óptica de su consciencia. Esta falsa ilusión es como una prisión para nosotros, limitando nuestros deseos personales y el afecto hacia unas cuantas personas cerca de nosotros. Nuestra tarea debe ser liberarnos de esta prisión y expandir nuestro círculo de compasión para contener a todas las criaturas vivientes y a toda la naturaleza en su belleza." Toma un momento para conectar con lo que significa "contener a todas las criaturas vivientes." Wow, este pensamiento podría hacer que la gente detuviera su andar y profundamente rediseñaran en las formas en que ve al mundo a su alrededor. El dar puede verse en pequeñas y grandes formas. El dar puede observarse en mostrar amor y afecto por nuestros hijos, empoderándolos a creer en ellos mismos, a expresar su creatividad, y a soñar con el futuro que desean. Dar también puede ocurrir participando en un programa de alimentación en un domingo cualquiera, no sólo en días de fiesta como Acción de Gracias. Dar puede ser pagarle el estacionamiento o el café a una persona detrás de ti en la fila. Dar podría tomar la forma de una organización sin fines de lucro—como la Campaña Uno que Bono empezó—para ayudar a hacer de la pobreza sólo historia. Dar puede simplemente ser el acto de ayudar a un anciano a cruzar la calle y ayudarlo con sus bolsas. Dar es un contexto, una forma de ser, una actitud de generosidad, abundancia, empoderamiento, y amor.

Hace unos años, estaba cenando en un restaurante, celebrando la conclusión de un taller de liderazgo que acababa de facilitar. Sentía gran euforia, gozo, y plenitud por la diferencia que acababa de hacer en la vida de los estudiantes en el curso. Estaba pensando en cuán magníficas y mágicas personas eran todos, basado en sus logros y las herramientas que ahora tenían, y cómo las aplicarían en sus vidas. Estaba imaginando las visiones de su vida personal y profesional ocurriendo y haciéndose realidad. Ya que había trabajado aproximadamente sesenta horas en los últimos cinco días, y en un proceso increíblemente intenso, hubiera sido normal sentirme cansado, pero no lo estaba. Estaba sumamente alegre. Era ese tipo de sensación que tal vez tienes cuando terminas de ejercitarte intensamente en el gimnasio, excepto que esto fue más significativo porque consistía en la transformación de la vida de otras personas.

Nuestro mesero se llamaba Carlos, e inmediatamente me interesó conectar con él. Descubrí que era un inmigrante mejicano que había llegado a los Estados Unidos cuando tenía dieciséis años de edad. Entró al país ilegalmente, en la búsqueda desesperada de una oportunidad para trabajar y hacer dinero. En este aspecto, su historia no se diferenciaba de muchas con las que ya estamos familiarizados. Pero había algo único y apremiante sobre este hombre. No sólo era excelente mesero—uno de los mejores que he tenido—pero había algo en sus ojos, en el tono de su voz, en su forma de ser, que me provocaba curiosidad e interés en saber más. ¿Alguna vez has tenido esta experiencia con un extraño que has conocido en tu diario andar? Una inexplicable fuerza me hacía conectar con él, querer conocerlo, entenderlo y escuchar el resto de su historia. Le hice muchas preguntas sobre su vida, su trabajo y su familia. Escuchaba intensamente mientras él hablaba. Las preguntas lo tomaban de sorpresa, pero respondía humildemente y compartía abiertamente. Se abrió sin estar a la defensiva, sin aprensión, o desconfianza. Es hermoso conocer a un hombre que está dispuesto a ser honesto con un completo desconocido. Yo no veo a otra gente en conversaciones como ésta muy a menudo, pero me encanta crearlas de forma regular. Creo que es algo que aprendí de mi papá, Roger. Él es una persona extremadamente social, siempre dispuesto a hablarle a alguien. Improvisar conversaciones con extraños puede ser raro en el mundo en que vivimos, pero no en el mundo en que yo vivo, no en el mundo que quiero crear en Las Ramas Más Altas. No era posible que yo me perdiera la oportunidad de crear una conexión más profunda y entendimiento con Carlos. En nuestra conversación descubrí que él es quien mantiene a su familia, incluyendo a su esposa, sus hijos, sus nietos, y el resto de su familia en Méjico. También me dijo que trabajaba siete días a la semana en dos trabajos diferentes y que no había tomado vacaciones en toda su vida. Sí, me escuchaste bien—nunca había tomado vacaciones en su vida. Ni él ni su esposa siquiera tuvieron una luna de miel. Suena como una historia bien triste, ¿verdad? Pero no deberías, ni siquiera por un momento, sentir lástima por este hombre y las decisiones de su vida. ¿Por qué? No había ni una onza de resentimiento en su voz, ni una onza de manipulación, ni una onza de queja. Él es una de las personas más gentiles, humildes, y agradecidas que he conocido. Compartió su historia desde un espacio de orgullo, de gran amor, y gran apreciación por lo que tenía, y por su propósito de vida. No me estaba pidiendo nada. No quería nada más que lo que ya tenía. Él sólo quería darle generosamente a su familia y al mundo a su alrededor. Me dijo que todo en su vida era una bendición. Y hemos escuchado a mucha gente decir eso antes, pero también sabemos si no han sido auténticos. Sólo estaban tratando de convencerse a sí mismos que aceptaban las situaciones de la vida, pero sus palabras no eran sinceras. Carlos era auténtico en todo lo que decía. Entendía lo que es *dar como una forma de vida*.

Como resultado de conectar y escuchar a Carlos, quise y me comprometí a hacer algo por él. Yo estaba fascinado por el regalo que él era para la gente de su vida, y ahora me puedes incluir como una de esas privilegiadas personas. Tomé mi chequera, sin que él lo supiera, y escribí un cheque por $500. Deberías ver la expresión en su rostro cuando le di el cheque. Vio el cheque e inmediatamente empezó a llorar, lo cual también me hizo llorar al instante. Se me acercó y me dio el abrazo más grande, el más tierno y cariñoso abrazo, como si fuéramos amigos de toda la vida. Escribí en la descripción del cheque: "Luna de miel con la esposa." Inicialmente, quiso rechazar el cheque, pero le dije que no podía rechazar un regalo cuando ha sido dado. Le aclaré que él no podía ser generoso, dadivoso, y amable con otros en el mundo, y luego ser egoísta en el momento de recibir. No es justo. Así que al final, aceptó el regalo. ¿Por qué lo hice? ¿Cuáles fueron mis motivos? Yo simplemente quería reconocer el hermoso regalo que Carlos me había dado a través de su forma de ser. La chispa en sus ojos y la sinceridad de su corazón fueron una completa inspiración para mí. Yo quería devolverle algo sin ningún tipo de expectativa. Además del regalo que le di, también le di la usual propina por mi comida. Yo siempre doy propina según mi experiencia de la persona en servicio y si están siendo dadivosos en su servir. Mientras más dan más les doy. Dar puede crear un ciclo—cosechas lo que siembras.

Cuando volví a mi habitación en el hotel, me acosté en la cama con una increíble sensación de gratitud. De gratitud por la vida que yo estaba viviendo y las decisiones que estaba tomando. Me di cuenta que hacer la diferencia no para o termina cuando completo un taller. Cualquiera puede hacer un trabajo, o asumir el papel de líder y dador, como si fuera una presentación o una actuación. Yo elijo vivir al máximo potencial para mí y como ser humano y usar el poder y la influencia que tengo para empoderar al mundo a mi alrededor. Esto no sólo incluye mis amigos y familia, sino también extraños. ¿Qué eran nuestros amigos antes de que fueran nuestros amigos? Extraños. Un extraño es un amigo que aún no has conocido. ¿Qué tal si la próxima vez que entras a un elevador, en vez de hacer lo que todo el mundo hace, en vez de clavar los ojos en los números, te volteas directamente hacia los otros, y haces contacto visual, y dices, "Hola, ¿cómo estás? ¿de dónde eres? ¿qué haces hoy?" O tal vez puedes hasta tomar un mayor riesgo y decir, "Qué hermosa eres. Me encanta tu vestido. Tienes una bella sonrisa." Sé que suena loco, y tal vez lo sea. Pero de alguna forma u otra, tenemos la oportunidad de hacer una diferencia significativa en las personas. Esto se puede manifestar de muchas formas. En el momento, podría no parecer importante, pero algún día podría cambiarle la vida a alguien.

¿Qué ves desde la cima del árbol? Hemos escuchado que el cielo es el límite. Pero, ¿qué tal si realmente no hay un límite? Tan sólo un infinito lienzo en blanco para crear nuevas visiones y sueños, para pintar una obra maestra. No importa quién seas, de dónde vienes, y en qué circunstancias te encuentras, nada es imposible para ti.

Uno de mis libros favoritos es ¡*Oh, Los Lugares Adonde Irás!* de Dr. Seuss. Él escribe, "¡Felicidades! Hoy es tu día. Listo para grandes lugares! ¡Partiste y estás lejos! Todo es más abierto allá, más allá, en el abierto y amplio espacio." Siente el viento en tu cabello, la brisa en tu cara, y deja tu imaginación volar libre, sin limitaciones. ¿Tal vez hay un pequeño Dr. Seuss en ti, también?

Una de mis memorias favoritas de la niñez de mi hijo Nicholas son los momentos en los que abría sus regalos de cumpleaños o Navidad. Sus ojos azules se le querían salir contemplando las cajas. Él amaba los Legos, y podía jugar y construir por horas en una sola sentada. No paraba de construir hasta que su obra maestra estuviera terminada. A veces tomaba todo el día, a veces mucho más, pero raramente tomaba un receso en el transcurso, apenas para comer o dormir. Cuando había terminado con las estructuras llamadas *Millennium Falcon* o *Death Star*, ambas de *Star Wars*, ponía su producto terminado en la repisa. Jugaba con la estructura por treinta minutos más o menos, y luego la ponía en la repisa de nuevo. Yo decía, "Nicholas, ¿no quieres jugar con ella ahora que tomaste todo este tiempo para construirla?" Y el decía, "No, no quiero que le pase algo." ¿Para qué la estaba guardando? ¿Un terrible huracán? ¿Una misteriosa inundación? Él simplemente amaba el proceso de construcción—crear esta nave espacial desde la nada, y luego admirarla desde la distancia. Poco sabía él que yo por dentro pensaba, "Yo sé para qué son los juguetes, y son para jugar con ellos, no para admirarlos." Pero para mi hijo, el proceso creativo *era* su versión de jugar. Recuerda que todos tenemos un niño o una niña dentro de nosotros, debajo de todas las capas de conocimientos y experiencia. ¿Cómo sería si pudiéramos retomar el espíritu de nuestra juventud? La vida es muy corta para tomarte a ti mismo demasiado en serio. Dale permiso a tu visión para respirar y tráela a la vida.

¿Recuerdas los cientos de personas que ya han gastado $200,000 para reservar un puesto en el avión espacial de Sir Richard Branson? Éstas no son sólo personas que tienen el dinero para invertirlo o gastarlo. Ellos claramente también son visionarios que toman riesgos. La aeronave no ha sido terminada todavía. Al declarar esta visión de viajar en el espacio, Branson hizo posible que otros soñadores jugaran en su árbol. Éste es un hombre que hace que las cosas ocurran, que vive siempre innovando. Está mucho más interesado y comprometido con las posibilidades del futuro, con escalar al siguiente nivel del árbol, que viviendo en sus logros pasados.

Martin Luther King, Jr. necesitaba más tiempo y contemplación antes de subirse a Las Ramas Más Altas. Cuando finalmente asumió el riesgo y dio el primer paso, se paró no sólo frente a una multitud, sino ante todo el país. Cuando eres un ardiente y apasionado orador como Martin Luther King, podría parecer fácil desde afuera. Pero si eres introvertido, no dejes que eso sea una excusa para no expresarle tus sueños a otros. Recuerda, no es siempre cómo dices las palabras o el volumen que usas al hablar, es desde dónde estás hablando. Puedes ser una persona de voz suave y aún así tener una gran visión, increíble sabiduría, y poderosas palabras que la gente quiera escuchar, e inspirarlos a la acción.

Gandhi era un hombre menudo. No era un orador apasionado con una dulce voz, pero cuando hablaba, la gente lo escuchaba. Sus palabras provenían de un genuino lugar de humildad, y era un hombre de carácter, con personalidad, siempre haciendo lo que predicaba. Tener personalidad es mejor que ser un personaje. Una de las grandes cualidades de un visionario es la habilidad de ser serio pero también saber cuándo reírse de sí mismo. Gandhi era conocido como alguien con un buen sentido del humor. Si lees sus escritos, puedes ver que hablaba desde su corazón y su mente con gran inteligencia y profundidad. Y tenía el gran don de usar su buen humor para hacer llegar su mensaje. Éste era un tiempo de crisis en India, una situación de vida o muerte. Sin embargo, reír puede en algunas ocasiones ser la mejor terapia, y Gandhi lo sabía. Era un ejemplo viviente de todo por lo que se estaba parando. No sólo hablaba de paz—estaba comprometido a crear paz a todo nivel, sin importarle los retos y luchas. Sus acciones hablaban más alto que sus palabras. Tal vez has escuchado la expresión: "Lo que no dices es más fuerte que lo que te escucho decir."

Cuando estás en Las Ramas Más Altas, tu mantra interno se escucha en todos tus comportamientos y acciones. ¿Tienes la capacidad de reírte de ti mismo? ¿Tienes un buen sentido del humor? La habilidad de reír y aligerar tus retos diarios puede ser inspiradora para ti y la gente a tu alrededor. Reírse puede reducir el estrés y la tensión, y de hecho libera químicos en tu cuerpo lo cual que podría permitirte vivir más tiempo. Un aspecto de dar no es sólo divertirte, como consumidor, sino *ser* diversión para la gente de tu vida.

Piensa en cuántos comediantes nos han dado la oportunidad de reírnos de nuestras tonterías y ridiculeces como seres humanos. Ellos hacen una profunda diferencia, no sólo haciéndonos reír, sino forzándonos a pensar en cómo vivimos nuestra vida, y tal vez empoderándonos a tomar diferentes decisiones. Los comediantes que han tenido un gran impacto en mi vida incluyen a Richard Pryor, Eddie Murphy, Robin Williams, Jerry Seinfield, Bill Maher, y mi favorito, George Carlin. Él inclusive me ofreció la oportunidad de reír mientras escribía este libro. Una vez dijo, "Yo fui a una tienda de libros y le pregunté a la vendedora, "Dónde está la sección de auto ayuda? Y me dijo que si me ayudaba, se perdería el propósito." ¡Eso fue chistoso! El humor es una de las formas más poderosas de contribuir al mundo a tu alrededor. ¿Cuán a menudo haces reír a la gente? Y no me refiero a que se rían *de* ti, me refiero a que se rían *contigo*. *Riámonos en nuestro camino hacia la cima.*

Vivir Desde Las Ramas Más Altas no es lo mismo que cruzar la recta final. Es más bien alcanzar un nuevo nivel. Después de lograr un récord personal, cada corredor tiene una sola intención, romper su propio record en la próxima carrera. Competir es parte de la naturaleza humana, no sólo con nosotros mismos, sino con otros. De llevarnos hacia el extremo de lo que es posible. Míralo desde el punto de vista profesional y personal, y establece nuevas metas y nuevos compromisos después de cada éxito.

La gente a veces está tan ocupada que no puede parar. También sucede cuando estamos empoderados, excitados, y creando resultados extraordinarios. A veces estamos tan metidos en la experiencia que no paramos, no re-evaluamos, no pensamos en cambiar de dirección o reconsiderar nuestra visión. Es importante hacer esto consistentemente. Una vez estás entusiasmado y estás avanzando, una vez que estás en Las Ramas Más Altas y estás creando una vida que vale la pena vivir, hazte el propósito de parar en algún momento y considerar qué sigue. ¿Se han presentado nuevas posibilidades?

Tan pronto Las Ramas Más Altas se vuelven muy cómodas, ya no son la altura apropiada para ti. Por ejemplo, hablar en público ahora es mi zona cómoda. No era mi zona cómoda hace diez años, pero después de tres décadas de práctica hablando frente a un sinnúmero de personas—a veces hasta grupos de miles de personas—he logrado un nuevo nivel de comodidad. Hace treinta años, la idea de hablar en público era como tener una aguja metida en mi ojo. A menudo sentía que era mejor morir. Y no soy el único que pensaba así: En una encuesta sobre cuáles son los miedos más grandes de las personas, hablar en público resultó ser el número uno. Morir era número cuatro en la lista. Pero ahora hablar en público es prácticamente la base de mi árbol.

Durante los pasados treinta años, una vez logré cierto nivel de éxito como orador, pude aprender mayores niveles de efectividad en mi comunicación. Por ejemplo, yo ahora puedo facilitar un seminario entero que de doce horas por día, cinco días completos, sin tomar notas de ningún tipo. La información no sólo está en mi mente, sino que está firmemente grabada en mi disco duro interno, hasta el punto que puedo inventar y crear nuevas ideas en el momento, todo mientras recuerdo el contexto original, las distinciones, y el contenido que debo presentar. ¿Cómo es posible? Treinta años de práctica, sí. Rigor, sí. Compromiso, sí. Pero en parte también fue un proceso interno de aceptación. Fue mi disposición de abandonar mi apego a lo que conozco, para irme hacia lo desconocido.

Vivir en Las Ramas Más Altas me da la libertad de accesar mi creatividad. Yo tengo vivas memorias de mi madre pintando cuando yo era un niño. La recuerdo sosteniendo la paleta en su mano y poniendo el pincel en los colores moviéndolos sobre el lienzo en blanco. A menudo, yo veía la pintura y no tenía la menor idea de lo que estaba pintando. Cuando le pedía que me dijera lo que representaba, ella decía, "Michael, ¿qué ves? ¿Qué tú crees que es?" Honestamente, no tenía la menor idea de lo que era la mayor parte del tiempo. Ella era una artista abstracta. Trataba de explicarme que estaba trabajando con colores y formas específicas. Recuerdo pensar, "Ay, mamá. No puedes pintar un jarrón, una persona, un carro, algo que yo realmente pudiera entender?" Por supuesto, yo probablemente lo dije en voz alta, dada mi tendencia a ser una espina para ella, pero desesperadamente trataba de reconocer qué era para opinar algo lindo al respecto. ¿Por qué era tan difícil para mí entender? Primero que todo, era mi madre, y si recuerdas el principio de este libro, yo tenía mis problemas con ella. Pero aún más importante, nuestra mente egocéntrica siempre necesita comparar lo que ve con lo familiar para poder comprender lo que tienen enfrente.

¿Qué tal si el propósito del arte es como el propósito de estar en Las Ramas Más Altas? ¿Qué tal si el propósito es suspender voluntariamente la razón, la lógica, y el pensamiento racional para permitirte encontrar tus propios colores y formas? Después de todos esos años de pensar que mi madre era una artista "chiflada", tal vez ella realmente era un genio. A veces los artistas son genios mal entendidos, y puede tomar generaciones para que el mundo lo pueda reconocer. Mi madre era la suprema maestra de infinitas posibilidades. Ella creaba algo de la nada en el lienzo cada día. Unos cuantos días pasaban, y cuando la veía pintando de nuevo, yo preguntaba, "Oye mamá, ¿ésta es una nueva pintura? ¿Qué estás pintando ahora?" Ella decía, "No, es la misma." Y yo decía, "Mamá, no puede ser, es completamente diferente." Recuerdo preguntarle, "¿Cómo sabes cuándo la pintura está terminada?" Y ella decía, "Estará terminada cuando yo decida que lo está." En el mundo de los resultados, en la escuela, en los deportes, en los negocios, en la vida, en la forma en que estamos condicionados y entrenados a pensar, esa respuesta no tenía ningún sentido. Pero ésa es la belleza del arte, ¿no es así? Las mismas lecciones se pueden aplicar a la forma en que vivimos la vida. Sólo tenemos que encontrar el lugar donde todo se conecta.

Digamos que pintar en tu casa es nivel uno, tomar clases de pintura es nivel dos, mostrar tus pinturas en público es nivel tres, vender tus pinturas es nivel cuatro, y enseñar a otros a pintar es nivel cinco. ¿Cuándo has alcanzado el último nivel? Tal vez nunca lo alcances. En la película *The Mexican*, el personaje protagonizado por Brad Pitt le pregunta al personaje protagonizado por Julia Roberts, "Cuando amas a alguien y ambos pueden ver que parece que la relación no va a funcionar, ¿cuándo basta ya?" Su respuesta es, "Nunca." Esa no es sólo una escena completamente romántica que te deja buscando un Kleenex, sino ¿qué tal si también es cierto en todos los aspectos de la vida? Cada nivel requiere cierto nivel de riesgo, confianza, y coraje. Cada nivel es un nivel más alto en el árbol. Piensa en tu relación, o la que estás comprometido a crear en tu visión. ¿Cuándo es que llegas al nivel más alto de amor, intimidad, y de conexión? ¿Qué tal si la respuesta es "nunca"?

Sentada a mi lado en Las Ramas Más Altas está mi esposa, Hillary. ¿Te imaginas abrir una caja de galletas Cracker Jacks cada día? ¿Puedes imaginarte las mariposas que sentías cuando te enamorase por primera vez? ¿Puedes imaginarte la más hermosa experiencia de luna de miel? ¿Puedes imaginarte que cada día juntos es mejor que el anterior? Yo literalmente me restriego los ojos y me pellizco porque he encontrado el tesoro al final del arco iris. Yo nunca había tenido el privilegio de conocer a los héroes de mis libros de historietas, pero estoy viviendo con uno de ellos. Sin duda alguna, Hillary es la persona más maravillosa que he conocido. Ella toma cada decisión con la más pura de las intenciones. Sólo quiere hacer de nuestro mundo uno colorido, hermoso, y lleno de luz. Ella rocía con amor todo lo que hace. Es una mujer que tiene la responsabilidad de criar tres hijos y es dueña de un negocio de aproximadamente 200 empleados. Cualquiera de estos compromisos podría ser un trabajo de tiempo completo para una persona promedio, pero no para mi esposa. Ella es como nadie que conozco. No tiene un hueso malo en su cuerpo, sólo bondad genuina. Ella hace lo que predica, y siempre es su palabra. Yo la amo, me gusta, la respeto, la admiro, y por supuesto, estoy atraído hacia ella, completamente. ¿Cómo no lo estaría? Ella hace tanto por toda la familia mucho antes de que yo ni siquiera me levante en las mañanas. El único deseo que tengo es que ella se dé a sí misma tanto como le da a los demás. Ella es mi mejor amiga, y confío en ella implícitamente. Ella es la primera persona a quien acudiría para aconsejarme, tanto profesional como personalmente. ¿Por qué? Su visión es clara, sus valores impecables, y tiene la asombrosa habilidad de encontrar la luz en cualquier tiniebla. La barra está bien alta, pero estoy comprometido a elevar mi juego. Una de mis misiones en la vida es darle a ella lo que ella me ha dado a mí. Tengo mucho trabajo que hacer. Pero estoy viviendo en Las Ramas Más Altas, y lo único que me emociona aún más que lo que tenemos hoy es lo que crearemos mañana.

*En todas y cada una de nuestras conversaciones, tenemos la opción de ser nosotros mismos.* Cuando lo hacemos, es como si pudiéramos experimentar lo que experimentamos anteriormente pero de nuevo, a través de los ojos de otros. Por ejemplo, digamos que vas de vacaciones a un lugar que consideras el cielo en la tierra. Podría ser cualquier parte—Hawaii, las Islas Griegas, Roma, Barcelona, Puerto Rico. Inclusive al mencionar estos lugares, como lo acabo de hacer, he inspirado a alguien a ir a visitarlo. Tenemos el poder de causar cambios cada vez que abrimos la boca. Puede ser por la profundidad del contenido de nuestra comunicación, por la emoción con que lo decimos, debido a cuánto le importamos a la otra persona, o por el valor que tiene nuestra opinión. Movemos a la gente. Los movemos hacia arriba o hacia abajo, pero rara vez hacia los lados. ¿En qué dirección estás moviendo a la gente? Yo creo que si estás en Las Ramas Más Altas, tienes la responsabilidad de mover a la gente hacia arriba, para que se unan a ti. Tienes la responsabilidad de ayudarlos en el camino, en su propia jornada. Cuando lo haces, no sólo haces una profunda diferencia, sino que también descubres partes de ti que no sabías que existían. Cuando los ayudas, te mueves a un nivel más alto de consciencia y propósito. La contribución realmente crea una nueva rama a la que puedes aspirar.

Levántate en la mañana y contribuye. Levántate en la mañana y vive la vida hoy de manera que inclusive tú mismo te sientas orgulloso. Bono, de la banda de *rock* irlandesa *U2*, es uno de mis héroes, y lo ha sido desde que yo tenía dieciséis años de edad. Bono creció en Dublin, y cuando tenía catorce años, su abuelo murió. Ese día fue una experiencia traumática para él porque era bien cercano a su abuelo. Sentía que ambos habían compartido una relación bien profunda, y ésta fue la primera pérdida que Bono había experimentado en su vida. Pero se puso peor. Mientras estaban en el funeral de su abuelo, su mamá murió inesperadamente. Al perder a su padre, ella estuvo tan sobrecogida por el dolor que su corazón dejó de latir.

Ahora Bono había perdido a su abuelo y a su madre al mismo tiempo. Dos de las personas más importantes en su vida se fueron de repente. Se sintió emocionalmente devastado. Y mientras todo esto estaba pasando en su familia, la ciudad de Dublin estaba experimentando el terrorismo con el IRA peleando contra los protestantes en el Norte de Irlanda y el gobierno británico. Había terror en las calles, y bombas explotando por todas partes. No era seguro. Muchos de sus amigos estaban en pandillas y tomando drogas. Bono ha dicho que él pudo haber tomado el mismo curso para soltar su rabia, pero en vez de eso, canalizó todas sus emociones hacia su música. Treinta años después, *U2* ha ganado más Premios *Grammy* que otra banda en la historia. Bono ha sido nominado para el Premio Nobel de la Paz dos veces. Ha recaudado millones y millones de dólares para diferentes países africanos en necesidad. Ha contribuido a tantas diversas causas: empezando por apoyar las campañas, Uno y Rojo, que recolectan dinero para la investigación del SIDA y drogas antirretrovirales para el HIV, creando trabajos y negocios para acabar con la pobreza, proveyendo comida para combatir la hambruna, proveyendo refugio, proveyendo tiendas de campaña para evitar que la gente contraiga malaria, y muchos otros servicios. Él no tiene lazos familiares con África y no tiene ninguna obligación de hacer ninguna de estas extraordinarias actividades de caridad; él simplemente elije hacerlo. Muchos artistas son ego-maniáticos, egoístas y auto destructivos. Viven en su propio mundo. Estas celebridades pasan la mayor parte del tiempo enfocándose en el *glamour*, la fama, el dinero, cirugías plásticas, en fiestas, y por supuesto, su tema favorito—ellos mismos. Hay muchos ejemplos de dónde escoger. Bono y sus compañeros de la banda *U2* empezaron a tocar música juntos cuando tenían quince años en la secundaria, y han estado juntos desde entonces. Ninguna banda ha sido tan grande y exitosa como lo son ellos sin dramáticos rompimientos o fallos inmensos, incluyendo muertes. Todas las grandes bandas de *rock* se han desintegrado: los *Beatles*, *The Who*, los *Rolling Stones*, *Led Zeppelin*, *Aerosmith*. *U2* nunca se ha roto. Bono todavía esta casado con su novia de la secundaria. La mayoría de los matrimonios duran un máximo de siete años, y él ha estado casado por mas de treinta años, tiene cinco hijos, y toca en una banda de *rock and roll*. ¿Quién hace eso? ¿Cómo es posible? En general, los rocanroleros no tienen fama de ser fieles a sus esposas. De hecho, muchos tiene reputación de lo contrario. Pero Bono usa su poder, credibilidad, e influencia para hacer la diferencia en el mundo. A él no le importa cómo se ve o lo que la gente piense de él. Él está desvergonzadamente comprometido con su visión.

En Alemania durante la Segunda Guerra Mundial, cuando montaban a los judíos en los trenes para llevarlos a los campos de concentración, muchos de los espectadores se pararon a mirar y no hicieron nada en lo que se iban los trenes. Bono dice que nosotros estamos básicamente haciendo lo mismo mientras que millones de africanos están siendo infectados con HIV, muriendo de SIDA, o muriendo de pobreza y hambre. Cada día, más de 5,000 africanos mueren de hambruna.

Otra cosa que hace a *U2* una gran banda es la letra de sus canciones y los mensajes detrás de sus palabras. En una de sus canciones, Bono escribió, "El lugar donde vives no debería determinar si vives o mueres." La música y la letra son inspiradoras no sólo para mí, sino para millones de fans de *U2* alrededor del mundo. Pocos de nosotros nos mantenemos en contacto o sostenemos alguna relación significativa con los amigos de nuestra niñez, excepto cuando los vemos en alguna que otra reunión. Los miembros de *U2* empezaron su relación como adolescentes y tienen no sólo una relación de negocios, sino también una profunda relación personal que ha sobrepasado la prueba del tiempo y la vida. Después de casi cuarenta años juntos, han estado tanto en la cima del mundo como en lo más bajo, pero lo hicieron parados el uno al lado del otro en cada paso del camino. Ellos usan sus vidas para un majestuoso propósito más allá del dinero, la fama y los premios. Ellos lo ven como su responsabilidad, su humilde privilegio, el usar su estatus para pararse en Las Ramas Más Altas. Y no sólo eso, ellos quieren que el resto del mundo se una a ellos—incluyendo todos en África. Nada mal para un grupo de alborotados rebeldes de Irlanda. ¿Qué diferencia podrías hacer si usas tu apasionado lado rebelde para apoyar una causa que impacte al mundo positivamente?

Recientemente vi la película *The Theory of Everything*. Qué historia tan asombrosa de la vida y trabajo de Stephen Hawking. Después de ver la película, ¿qué hice? ¿Salí del cine y dije, "Oye, esa fue una maravillosa película. Me lo voy a quedar para mí, y será mi secreto?" No, por supuesto que no. Yo pensé, "¿Quién más amaría esta película? La respuesta a la pregunta fue, "¡Todo el mundo!" Así que, ¿dónde empecé? Yo quería que todos supieran que había visto la película para poder compartir mi experiencia con ellos. Busqué a mi hermano Larry. Él estaba tan emocionado por lo que yo tenía que decir que tomó a su esposa y a todos sus hijos a ver la película inmediatamente esa misma noche.

Aunque yo ya había visto la película, no podía esperar a que mi hermano la viera para poder compartir su experiencia. ¿Por qué? Para hacer una diferencia en su vida, porque darle a la gente que amamos es natural, y debería ser fácil, como respirar. Cuando él compartió su punto de vista conmigo, aprendí algo nuevo, sólo por escucharlo a él. Su perspectiva abrió nuevas posibilidades a interpretaciones mucho más profundas que las que yo mismo tenía.

Podríamos aplicar este mismo concepto en una escala mucho más grande. Mi esposa es la dueña de un negocio exitoso. ¿Qué tal si ella se quedara con ese conocimiento para sí misma? Ella estaría perdiendo la oportunidad de empoderar a otra gente, de darle a otra gente, de contribuir a la vida de otras personas y sus carreras. En vez de quedarse con sus experiencias, podría estar inspirando a otras mujeres que son madres y esposas. Podría ayudarlas a darse cuenta que tienen el poder de ser dueñas de negocios y empresarias, de usar sus propias y únicas ideas, dones e ingenio para empezar un nuevo negocio. Y ¿adivina qué? Eso es exactamente lo que hace.

Hillary es actualmente presidente de la Asociación de Empresarios de Fort Worth (EO). Así es, ella no es sólo un miembro, es presidente de la organización. Esta organización tiene reuniones mensuales, en las cuales un grupo de dueños de empresas se reúne para compartir sus experiencias. Ellos comparten lo que está funcionando y lo que no está funcionando en sus empresas. Se ofrecen coaching unos a otros. Se apoyan mutuamente. Ella actualmente está trabajando en una sociedad con otros empresarios. Está aprendiendo de ellos, y ellos están aprendiendo de ella. Está compartiendo lo que ha creado Desde Las Ramas Más Altas con otra gente que también está en Las Ramas Más Altas. Y, durante este tiempo, ha sido una de las pocas mujeres que han participado en EO. Las mujeres representan sólo un bajo porcentaje de empresarios en el mundo, pero Hillary es una de ellas, mostrando el camino hacia Las Ramas Más Altas.

Yo he tenido muchos mentores durante mi desarrollo como coach y entrenador. Un día, uno de los que más respetaba me dijo, "Michael, tú eres el mejor entrenador de liderazgo en nuestra compañía. Sin embargo, necesitas decidir qué es más importante para ti—ser el mejor en lo que haces, o tomar el siguiente paso y convertirte en un máster?" Yo le pregunté cuál era la diferencia, y me dijo que los másteres tienen la habilidad de crear el mismo nivel de experticia y sabiduría en alguien más. Es pasar el conocimiento y sus experiencias para que otra persona pueda ser tan competente como lo son ellos—inclusive tal vez sobrepasarlos algún día.

Cuando escuché eso, se encendió la bombilla sobre mi cabeza. Pude ver que ésta era mi oportunidad de crear el siguiente nivel en Las Ramas Más Altas, que no era solamente ser una estrella sino convertirme en un hacedor de estrellas. Fue una experiencia completamente diferente para mí. Cada uno es diferente. Yo no siempre tengo las respuestas, pero no necesito tener todas las respuestas. El proceso de descubrir cómo descubrir la estrella en cada individuo es un reto emocionante y bienvenido para mí. Tengo la oportunidad de descubrir nuevas habilidades y formar nuevos niveles de coaching, nuevas herramientas, nueva metodología, nuevos procesos, y por supuesto nuevas conexiones con extraordinarios líderes.

Si tú ya has estado viviendo Desde Las Ramas Más Altas por algún tiempo, y estás buscando el siguiente nivel, enfócate en ser un creador de estrellas, un máster. Sé mentor de aquellos que todavía están luchando por encontrar Las Ramas Más Altas. Un día, ellos podrían sobrepasarte usando lo que aprendieron con tu guía como trampolín. La experiencia más satisfactoria en la vida es la habilidad de darle a otros la oportunidad de alcanzar la más alta versión de sí mismos. Empoderarlos a descubrir lo que es posible en Las Ramas Más Altas de sus árboles. Tú no eres perfecto, pero cuando estás en Las Ramas Más Altas, tu visión sí lo es. Tendrás la oportunidad de dejar un legado del cual estarás infinitamente orgulloso mientras vives tu vida sin arrepentimientos— con el corazón completamente abierto, en aceleramiento total, con mucho coraje y libre.

Es un honor y un privilegio estar vivo, tener la oportunidad de declarar tu visión y crear una vida que valga la pena vivir. Yo estoy infinitamente bendecido y agradecido por los primeros cincuenta años de mi vida, y no puedo esperar a lanzarme osadamente hacia la siguiente rama de mi árbol.

*La Vida Desde Las Ramas Más Altas está disponible para todos.* ¿Qué estás esperando? ¡Abre tus ojos y abre tu corazón. Ve por ella! Déjalo todo en la cancha—no te lo puedes llevar cuando te mueras. Ofrece apasionadamente ese regalo que eres tú.

**VIVIR ES DAR.**

# SOBRE EL AUTOR

MICHAEL STRASNER ES UNO de los mas respetados líderes en la transformación personal y organizacional. A través de su maestría en coaching y el entendimiento de la psicología de liderazgo y comportamiento humano, ha podido facilitar y diseñar extraordinarios talleres dedicados al arte de vivir y de vivir Desde Las Ramas Más Altas. Durante los últimos 30 años, ha trabajado con más de 100 mil estudiantes y personas en todas partes de los Estados Unidos, Suramérica, y Europa.

Strasner ha facilitado talleres en liderazgo, estrategia de negocios, administración, y máximo desempeño para Time Warner Inc., Merrill Lynch, Barclays Investments, The International Provident Group, Concordia Advisors, Taubman Company, Lord Associates, Altman Development Inc., Worldnet Telecommunications Inc., Coast Asset Management, Prolab Inc., Kaye/Bassman Inernational, y muchas más. También ha ofrecido muchas charlas como orador principal para diferentes compañías, incluyendo una para Tacori Jewelry en el Hotel Beverly Wilshire, titulada, "Creando Una Vida Que Valga la Pena Vivir."

Como empresario, Strasner ha empezado varios negocios altamente exitosos y rentables. A través de su pasión por el espíritu empresarial, se ha especializado en trabajar con compañías nuevas, y mas importante aún, los líderes que la dirigen. Dos de sus clientes se han ganado el premio de Ernst & Young *Entrepreneur of the Year*.

La visión personal de Strasner es crear un mundo de paz, amor, unidad y abundancia. Esto se refleja en su trabajo en los entrenamientos de transformación personal. Strasner también ha sido el fundador de varios talleres: Dominio del Arte de las Relaciones, La Mente Empresarial, Máster Liderazgo para Adolescentes (NSLC), El Curso de Maestría (versión *Rock and Roll*), y el gran reconocido programa de liderazgo PHD. A través de su compromiso de crear liderazgo en otros, ha sido mentor y ha desarrollado a docenas de entrenadores y coaches de calidad mundial, que actualmente facilitan talleres globalmente.

Además, Strasner ha escrito artículos en transformación organizacional y liderazgo en los negocios para el *Caribbean Business Journal*. También ha sido invitado especial en artículos de periódicos, podcasts, y programas de radio, compartiendo su experticia en diversos tópicos como comunicación efectiva, conexión e intimidad en las relaciones, desarrollando la auto estima, el poder de la autenticidad, adaptando la personalidad siendo flexibles, poderosa e impactante oratoria, y despertando tu pasión por la vida.

Para aprender más sobre los siguientes talleres, seminarios y charlas, puedes visitar su pagina de Internet www.michaelstrasner. com.

Made in the USA
Las Vegas, NV
03 February 2024

85212336R00118